山西省“十四五”首批职业教育规划教材立项建设教材

新编21世纪高等职业教育精品教材 · 公共基础课系列

中华优秀传统文化

主编 冯 瑞 李永红 康晓玲 宋文华

中国人民大学出版社

· 北京 ·

本书编委会

主　编　冯　瑞　李永红　康晓玲　宋文华

副主编　安进同　申实飞　王栋魁　申永贞

任小燕

参　编　于　洁　马　丽　武建秀　郭小雪

马　彦　李　遂　齐宇航

前言

中华文化源远流长、灿烂辉煌。中华优秀传统文化是中国人的文化基因，是中华民族凝聚力的坚实根基，积淀着中华民族的精神追求和价值取向，具有极为丰富的思想内涵。近年来，党和国家高度重视中华优秀传统文化的弘扬和传承。党的十九大报告指出："中国特色社会主义文化，源自于中华民族五千多年文明历史所孕育的中华优秀传统文化，熔铸于党领导人民在革命、建设、改革中创造的革命文化和社会主义先进文化，植根于中国特色社会主义伟大实践。"党的二十大报告指出，要"增强中华文明传播力影响力"，"坚守中华文化立场，提炼展示中华文明的精神标识和文化精髓"。在强国建设、民族复兴伟业推进的关键时刻，为更好落实立德树人根本任务，必须传承、弘扬和发展好中华优秀传统文化。

有鉴于此，我们编写了《中华优秀传统文化》一书。本书的编写以弘扬爱国主义、讲授中华优秀传统文化、传承中华民族精神为核心，以提高学校教育文化品位、提升学生人文素养、增强学生文化自信为目的。本书分别从文化简论、中国传统礼仪、中国传统哲学、中国传统文学、中国传统艺术、中国传统民俗、中国传统饮食、中国传统科技八个方面对中华优秀传统文化脉络进行了梳理，旨在帮助读者全面了解中华优秀传统文化，使读者把中华文化的思想理念、价值标准、审美风范转化为精神追求和行为习惯，从而实现人生境界的提升。

本书配套资源丰富，包含教学 PPT、微课、教案、习题、在线资源、课程学习指导等，使线上线下的教学相辅相成，以适应新时代教学对学与教的要求。本书适合各类院校教学使用，也可以作为中国传统文化爱好者的参考用书。

本书的编写特色如下：

（1）结构方面：从高职学生的实际出发，依据其学习规律和学习兴趣将教材内容分为三大模块。模块一是文化与思想，模块二是文学与艺术，模块三是社会与生活。

（2）体例方面：在教学手段和教学方法设计上，本书注重课型多样、体例多变、形式活泼。为有利于学生自主探究学习，本书在模块中融入了任务清单、课后思考、课后实践等，全方位提升学生的学习效果。

（3）构思方面：把握教材脉络，紧扣"三教"改革要求，融入课程思政元素，突出价值引领；以学生为中心进行过程评价，结合高职学生学情，对接职业教育特点，体现时代性、思想性、科学性。

在本书的编写过程中，我们参阅了大量的中国文化概论教材和国内外公开出版发行的文献和网络资源，在此恕不一一列举。由于编者水平有限，缺漏或不当之处在所难免，敬请读者批评指正。

目录

1

模块一

文化与思想

项目一

文化的力量：文化简论

项目导读

文化是个非常广泛的概念。一般来说，有别于自然形成的一切人类活动及人类活动所创造的一切成果都是文化。音乐、美术、文学、哲学、科学、意识形态、伦理道德、知识学问、民风民俗、生活习惯、生活方式，乃至一座房屋、一枚出土钱币等，都属于文化的范畴。由此可知，一个国家、一个民族，其灿烂的文化足以展示出这个国家和民族悠久的历史和丰富的创造力。如果一个人文化修养高、文化品位高，就说明这个人知识广博、道德高尚。

学习目标

知识目标

△ 了解文化与中国文化有关概念

△ 认知中国传统文化的发展脉络

能力目标

△ 把握中国传统文化的思想精髓

△ 能够说出人们耳熟能详的优秀传统文化篇目

素养目标

△ 培养认真的态度、缜密的思维

△ 培养发现美和创造美的能力，提高审美情趣

△ 培养认知文化和传承优秀文化的能力

△ 培养人文精神及理性的反思能力

△ 强化维护民族团结的责任感和使命感，铸牢各民族师生中华民族共同体意识

△ 正确地理解中国传统文化

思维导图

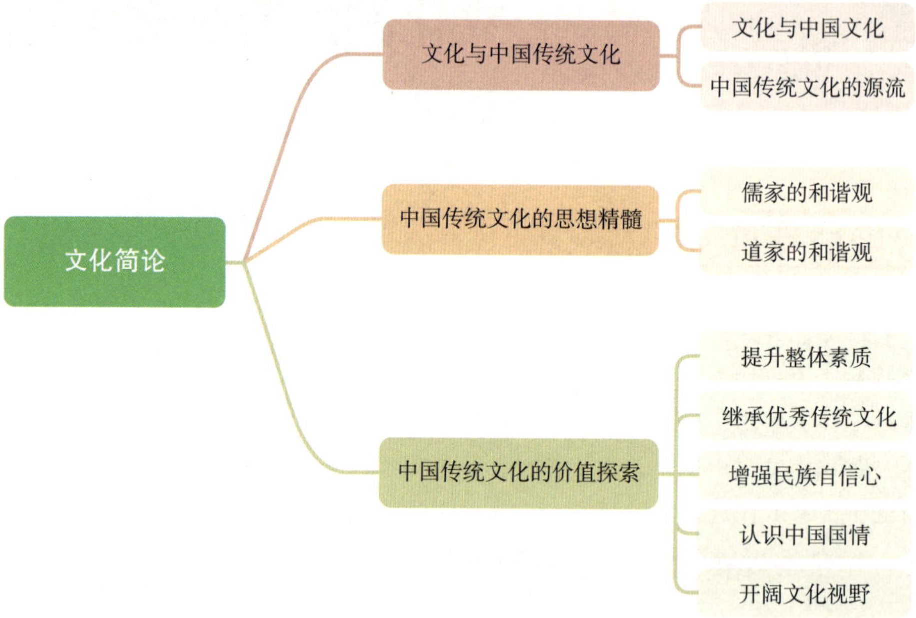

任务清单

完成一项学习任务后，请在对应的方框中打钩。

课前预习	去图书馆查阅中国文化的相关资料	□
	通过网络或其他渠道了解中国文化的发展	□
课中学习	认真诵读国学经典篇目	□
	认知中国传统文化的时代价值	□
课后巩固	完成课后相关习题	□
	完成课后实践环节任务单	□

任务一　文化与中国传统文化

微课堂

一、文化与中国文化

“文化”这个词，最早出现在《周易·贲卦》里。书云：“观乎天文，以察时变；观乎人文，以化成天下。”这应当是中国人论述“文化”的开始，但“文”与“化”二字还没有连在一起。它的意思是：统治者通过观察天象，可以了解时序的变化；通过观察人类社会的各种现象，可以用教育感化的手段来治理天下。

汉代出现“文化”一词，但对其含义，人们的理解并不一致。刘向《说苑·指武》云：“凡武之兴，为不服也；文化不改，然后加诛。”晋人《补亡诗六首·其六·由仪》也说：“文化内辑，武功外悠。”这都指的是与国家的军事手段（即武功）相对立的一个概念，即国家的文教治理手段。唐代的孔颖达则别有见地，他在解释前引《周易》中的那段话时认为：“圣人观察人文，则诗书礼乐之谓。”这实际上是说，人类社会的文化，主要是指文学艺术和礼仪风俗等属于上层建筑的那些东西。古人对“文化”概念的这种规定性从汉唐时代起，一直影响到明清。因此，顾炎武在《日知录》中说：“自身而至于家国天下，制之为度数，发之为音容，莫非文也。”即人自身的行为表现和国家的各种制度，都属于“文化”的范畴。可见，中国古代的“文化”概念指的是狭义的精神层面的东西。

随着社会的发展，人们对“文化”做了新的解释，即把“文化”分为广义和狭义两种。如苏联哲学家罗森塔尔·尤金在他所编的《哲学小辞典》中认为：“文化是人类在社会历史实践过程中所创造的物质财富和精神财富的总和。从比较狭隘的意义来讲，文化就是在历史上一定的物质资料生产方式的基础上发生和发展的社会精神生活形式的总和。”我国 1979 年出版的《辞海》基本上采用了这个说法，但并不是所有人都同意这个观点，对文化的定义仍然存在许多争论。这不是说文化有多么复杂，而是表明文化有多个层面，企图用简略的语言加以概括是很困难的。

中国文化是人类文化园圃中一个独具性格且结构完整的系统。它根植于东方的土地，融入了东方的智慧，吸纳了外来的因子，最终形成一种内涵十分丰富、具有自新能力并且生生不息的文化体系。

对于中国文化的庞大体系，我们可以从不同的角度分解和认识它。若以纵向的发展形态区分，它可以分为传统文化与现当代文化；若以产生的地域区分，它可以分为中原农耕文化与北部边疆游牧文化；若以文化的地域类型区分，它可以分为三秦文化、三晋文化、燕赵文化、齐鲁文化、吴越文化、中州文化、两淮文化、荆楚文化、巴蜀文化、岭南文化等；若以文化的社会性区分，它可以分为皇家文化与民间文化、精英文化与大众文化、宗教文化与世俗文化；若以不同的门类区分，它包含的就更多了，诸如建筑文化、服饰文化、饮食文化、青铜文化、玉器文化等，都在其内。当然，还可以进行更细的区分。

通常来说，中国文化主要指传统文化，即由居住在中国地域内的中华民族所创造出来的一种民族文化。它历经数千年的演化而汇集成一个完整的体系，反映了民族特质和民族风貌，凝结了民族精神和民族气质，并且不断为中华民族世世代代所继承和发展。它的精神内核是孔子所创立的儒家思想，同时又辅以道家思想和佛家思想。因此，它特色鲜明、内涵丰富、历史悠久、博大精深，是中华民族数千年文明的结晶。

二、中国传统文化的源流

中国传统文化博大精深，源远流长。在世界四大古老文明中，中国传统文化是唯一生生不息而未出现过断层的文化体系。

在漫长的历史岁月中，勤劳智慧的祖先们以非凡的创造力，给我们留下了极为丰硕的文化遗产。它不仅对中华民族的社会发展产生了巨大而深刻的影响，而且对世界文化的发展也起到了重大推动作用。

从历史进程上看，中国传统文化的发展大致可以划分为以下四个时期。

（一）雏形期（炎黄—夏、商、周时代）

中国文化在原始社会（即新石器时代）开始萌芽，随着生产力的发展，原始宗教（图腾崇拜）、原始艺术和原始的哲学思维不断演进。早期的神话传说反映了这一时期的史影。盘古开天、女娲补天、夸父逐日、精卫填海、神农尝百草、伏羲画八卦……这些美丽动人的传说，反映了中国先民与大自然作斗争的精神和取得的业绩，以及对周围世界的思考。

从黄帝逐鹿中原到夏、商、周三代，中国文化在自身的生命运动中迈出了巨大的步伐。在商代，甲骨文的出现，标志着中国文字进入成熟阶段；殷末周初，哲学思想有了比较明显的发展，出现了阴阳、五行观念；《周易》古经大约也于此时期形成，提出了比较系统的八卦学说，从而使中国文化逐渐具备了雏形。

甲骨文

（二）形成时期（春秋战国）

春秋战国是中国历史上的大变革时期，也是中国古代文化的形成期。这一时期社会经济有了较快发展；政治上随着王权衰落，政权下移，由大国争霸演变为七雄并立，由分裂渐趋统一；社会制度则由奴隶社会向封建社会过渡。

与政治经济相适应，这一时期思想界异常活跃。孔子首开私人讲学之风，创立儒家学派；诸子继起，各以其说教授弟子、游说诸侯，出现了“百家争鸣”的生动局面。中国传统文化中的儒、墨、道、法、兵学说就是在这一时期形成的。

这一时期文学也有辉煌的成就，《诗经》《楚辞》是杰出代表，诸子散文被后世尊为典范。

这一时期史学也初露锋芒，其中以古史文献《尚书》和《春秋》最为著名。《左传》和《国语》也是这一时期的史学杰作。这一时期是中国文化的辉煌期。

（三）发展期（秦汉—鸦片战争）

秦始皇建立了中央集权制的大帝国，“车同轨，书同文，行同伦”，政治、经济、文化空前统一。汉承秦制，为其后两千年中国历史的发展奠定了基本格局。汉武帝“罢黜百家，独尊儒术”，确立了儒家在中国历史发展中的地位。在哲学上，这一时期经历了天人之学、魏晋玄学、隋唐中国化的佛学、宋明理学、明清之际儒学自我批判阶段。其中，董仲舒的“天人感应”之学和朱熹的“理气性命”之学是两个高峰。

在史学方面，这一时期的成就也蔚为大观，司马迁的《史记》、官修的《二十四史》《资治通鉴》以及一大批公私史著问世。

这一时期文学、艺术、科技等亦成绩斐然，汉赋、唐诗、宋词、元曲、明清小说佳作频出；书法、绘画、歌舞等艺术也登峰造极；许多科学技术在当时位居世界领先地位，为人类文明作出了贡献。

（四）转型期（鸦片战争以来）

这一时期是中国历史上又一次空前大变革时期，具体表现在社会制度一百多年跨越了三个阶段：封建社会、半殖民地半封建社会（不完全的资本主义社会）和社会主义社会（初级阶段）。其文化上的变化也可谓空前。近代中国文化发展的大致历史是：西学东渐 → 全面引进西学 → 马克思主义在中国传播 → 马克思主义成为指导思想。

中国传统文化首先应该包括思想、文字、语言，之后是“六艺”，也就是礼、乐、射、御、书、数，然后是生活富足而衍生出来的书法、音乐、曲艺、节日、民俗等。传统文化是与我们的生活息息相关的、融入我们生活的、我们享受它而不自知的东西。

经典赏析

论语·为政

子曰："吾十有五而志于学，三十而立，四十而不惑，五十而知天命，六十而耳顺，七十而从心所欲，不逾矩。"

论语·雍也

子曰："贤哉回也！一箪食，一瓢饮，在陋巷，人不堪其忧，回也不改其乐。贤哉回也！"

扫一扫

论语·为政【注释 译文】

论语·雍也【注释 译文】

微课堂

任务二　中国传统文化的思想精髓

"和合"是中华民族文化的精髓，"和合"之境是中华民族千百年来追求的理想境界。已故文化巨匠张岱年先生曾指出，中国传统文化中有个一以贯之的东西，即中国传统文化比较重视人与自然、人与人之间的和谐与统一。程思远先生把中国传统文化命名为"中华和合文化"，认为中华民族已经形成了运用和合概念与和合文化研究自然界的生成和人的生成、研究事物发展变化的规律、研究人与自然和人与社会的关系、研究人的身心统一规律和养生之道的文化传统。

"和合"思想是中国传统思想文化中最富生命力的文化内核和因子。"和合文化"不仅要求个体身心和谐、人际和谐、群体与社会和谐，更要求人与自然的和谐，体现为"天人合一"的整体哲学精神，强调"天人共存、人我共存"的辩证立场，以宽容、博大的人道主义精神张扬着丰富的天道与人间和谐融洽的观念，对于当前消解社会矛盾、人与自然的冲突有着重要的借鉴意义。

中华文化就其本质来讲就是一种和谐文化。古代文化主体的儒家、道家等学派关于和谐的丰富思想，既形成了和谐文化的固有传统，也是我们今天建设社会主义和谐文化与和谐社会可资利用的宝贵的思想资源。

一、儒家的和谐观

儒家贵"和"尚"中"，认为"德莫大于和"。《中庸》有云"致中和，天地位焉，万物育焉"。《论语·学而》有云"礼之用，和为贵"。"和谐"思想发展到政治领域，就有了儒家本源之一《周礼》的"以和邦国，以统百官，以谐万民"的政治准则。

"和为贵"和"贵和"的思想是中国传统文化最核心的价值取向。中华先民对"和"

的理解是知情意的统一。儒家倡导推己及人、由近至远的思维模式，主张格物、致知、诚意、正心、修身、齐家、治国、平天下之八德。儒家主张，对于人与自然的关系，要洞明“和实生物”之道；个人修身养性，要讲究“心平气和”之功；与人交往，要恪守“和而不同”之法；应对潮流，要坚持“和而不流”之则；治理国家，要追求“政通人和”之理；与国交往，要坚持“求同存异、和平共处”之规；最后的终极关怀乃是“天人合一、宇宙和谐”的价值追求。这是中国古圣先贤们积千年之理论与实践而沉淀流传下来的瑰宝。

儒家学说更看重“人和”。孟子所说“天时不如地利，地利不如人和”是把“人和”看得高于一切。儒家强调人际关系“以和为美”，提出的仁、义、礼、智、忠、孝、爱、悌、宽、恭、诚、信、笃、敬、节、恕等一系列伦理道德规范，其目的就在于实现人与人之间的普遍和谐，并把这种普遍的“人和”原则作为一种价值尺度规范每个社会成员。

儒家还为中国文化指出一个“大同”社会的远景目标，成为中国历史上生生不息的价值之源。《礼记·礼运第九》中云：“大道之行也，天下为公。选贤与能，讲信修睦。故人不独亲其亲，不独子其子，使老有所终，壮有所用，幼有所长，矜寡孤独废疾者皆有所养，男有分，女有归。货，恶其弃于地也，不必藏于己；力，恶其不出于身也，不必为己。是故谋闭而不兴，盗窃乱贼而不作，故外户而不闭。是谓大同。”儒家在此首先强调了“天下为公”的思想，描述了重诚信、讲仁爱、求友善、修和睦、选贤能、富庶安康、路不拾遗、夜不闭户等和谐理想社会的基本特征。到了近代，太平天国运动的领袖洪秀全设计出了一个“有田同耕，有饭同食，有衣同穿，有钱同使，无处不均匀，无人不饱暖”的令广大农民心驰神往的和谐社会蓝图。

儒家还强调“讲信修睦”的社会和谐观。所谓“信”，就是“诚信”。社会和谐必须以诚信为本。子贡问孔子治国之道，孔子讲“足食，足兵，民信之矣”，并强调三者之中“民信”最为重要，因为“民无信不立”。所谓“睦”就是“和睦”。社会和谐包括夫妻和睦、家庭和睦、宗族和睦、邻里和睦、地区和睦、民族和睦、国家太平。“政通人和”“协和万邦”“家和万事兴”“和气生财”“和衷共济”“一方有难八方支援”等古语都是古代先贤们对社会和谐的体认和追求。为此，荀子提出了“以善和人”的要求。孔子提出了“己所不欲，勿施于人”“己欲立而立人，己欲达而达人”的做人原则，将其推广到整个社会，就成了儒家崇尚的“君子成人之美，不成人之恶”“四海之内，皆兄弟也”“不独亲其亲，不独子其子”“老吾老以及人之老，幼吾幼以及人之幼”的社会伦理法则。

二、道家的和谐观

先秦道家的思想体系中也蕴藏着丰富的和谐观念，其“天人合一”的自然和谐观、“理想真人”的人际和谐观、“无为而无不为”的政治和谐观等主张，对当前的和谐文化与和谐社会建设有着很大的启迪作用。

道家认为人与自然是一个和谐的整体。老子说："人法地，地法天，天法道，道法自然。"道家理想的人格模式就是所谓的"真人"。"真人"要做到"贵生保真""少私寡欲""见素抱朴"。"真人"在处世时能淡泊名利。"真人"形随俗而志清高、身处世而心逍遥，不为名利所动，追求"举世誉之而不加劝，举世非之而不加沮，定乎内外之分，辨乎荣辱之境，斯已矣"的人生修养。

道家"无为而治"的政治思想博大精深，影响深远。其主要思想包括以正治国、以无事安民、清静无欲、崇尚节俭等。老子说："以正治国，以奇用兵，以无事取天下"。所谓"正"，就是为政有道而不欺、赏罚公道而不倚，即以正道治理国家。老子说："我无为而民自化，我好静而民自正，我无事而民自富，我无欲而民自朴。"老子认为当政者要实现与民众之间的政治和谐就需"无为"，这样才可使百姓"有为"，才可达到"民自化""民自正""民自富""民自朴"的理想治国境界。"无为"正是为了"无不为"。君王只有通过"无为"才可达到"无不为"的政治目的，即老子所说的"为无为则无不治"。在老子看来百姓从来都很淳朴、诚实，只要为政者开诚布公、为政公道，天下百姓便自会拥护响应，政治和谐自然也就实现了。老子还指出："咎莫憯于欲得，祸莫大于不知足。"为政者若是居功自傲、贪图享受、穷奢极欲，必将导致国家混乱、天下衰亡。道家反对为政者因贪欲而追逐名利，倡导崇俭戒奢，唯此天下才能长治久安。老子说："甚爱必大费，厚藏必多亡。"老子还主张为政者要精减政事，最大限度地减少对百姓生活的干扰。

优秀传统文化在中华民族伟大复兴中的作用和地位应该得到重视。如儒学中"以德治国""治国安民""明礼诚信""祥和社会""协和万邦"等智慧仍然有益，是当今政治文明建设、和谐文化建设与和谐社会建设的源泉与根基。中国共产党要在世界文化大潮中保持先进性，就要在走向世界、扩大开放、建设和谐世界的过程中把弘扬中华民族优秀传统文化摆在关系民族振兴的战略位置。一个民族只有在努力发展经济、提升国家"硬实力"的同时，保持和弘扬本民族的文化特色，并以此为基础构建和壮大自己的"软实力"，才能真正自立于世界民族之林。所以说，我们能不能继承和发扬中华民族的优秀传统文化，是事关中华民族振兴的大问题。

在中国传统文化的历史中，"和合"二字最能体现中国精神文化的核心和精髓。"和"，指和谐、和平、祥和；"合"是结合、合作、融合。"和合"是实现"和谐"的途径；"和谐"是"和合"的理想实现，也是人类古往今来孜孜以求的自然、社会、人际、身心、文明中诸多元素之间的理想关系状态。中国传统文化中"贵和""持中"的和谐意识，表现于两个方面：一是"天人合一"，指的是人与自然关系的和谐；二是"中庸"，指的是人际关系，即人与人、人与社会关系的和谐。"天人合一"旨在承认人与自然的统一性、反对将它们割裂开来。"中庸"则强调对待事物关系要把握一个度，以避免对立和冲突。提倡"贵和""持中"的和谐意识，有利于处理现代社会的各种矛盾，以保持社会的稳定。

在现代社会中，儒家文化的理念已经深入人心，成为指导人们崇尚和平、追求自强、实现自我和社会和谐的重要思想。进一步发掘儒家文化的精髓，对于当今时代有着重要意义。儒家思想是中国传统文化中的主流思想，它以心灵的自我修养与自我完善为主要目的。而儒家文化的精髓主要在仁与礼，一直绵延至今。其具体意义如下：

儒家文化中“仁”就是爱人，就是以“爱人”之心推行仁政，使社会各阶层的人们都享有生存和幸福的权利；“礼”就是社会的道德秩序，就是用“正名”即道德教化的方法，使社会各阶层的人们对自身社会地位有稳定的道德认可和道德定位。仁的作用是使民无造反之必要，礼的作用是使民无造反之意识——人们普遍享有生存和幸福的权利，就没有造反作乱的必要；人们普遍认可社会的道德秩序、普遍遵守符合自身社会地位的道德规范，造反作乱就没有道德依据。

任务三　中国传统文化的价值探索

微课堂

优秀传统文化是先人留下的伟大的精神瑰宝，但对待中国传统文化必须注意辩证地分析、批判地继承，推动其发展和创新。应在批判地继承中国传统文化的基础上，吸收先进的外来优秀文化，创造传统与现代统一、民族与世界统一、民族的、科学的、大众的新时代中国特色社会主义文化。开拓创新，兼收并蓄，根据社会主义现代化精神文明建设的需要做出创新性发展，完成社会主义现代文化建设任务，是正确对待中国传统文化、建设和发展社会主义新型文化的根本途径。

我们正处在一个承前启后、继往开来的重要历史关头，面对科学技术的迅猛发展和世界各国的激烈竞争，面对世界范围内各种文化的碰撞，面对小康社会人民群众日益增长的文化需要，学习中国优秀传统文化，不断提高广大人民尤其是青年一代的文化素质，对大力推进中国特色社会主义文化建设具有重要意义。

一、提升整体素质

“学会做人”是人的最基本的也是最重要的素质。长期以来，人们比较注重使受教育者学会求知、学会做事，这无疑是十分必要的，但往往忽视了更重要的一条，就是教他们学会做人。所谓学会做人，就是学会处理人与人、人与社会的关系。当今中国人就是要有爱国主义思想、集体主义思想，有高尚的道德情操，有正确的世界观、人生观、价值观。

中国传统文化非常注重伦理道德和人格的修养，被世人归结为伦理型文化。《大学》一书开宗明义地指出“大学之道，在明明德，在亲民，在止于至善”，并且提出了诚意、正心、修身、齐家、治国、平天下的主张。孔子倡导的“仁者爱人”“己欲立而立人，己欲达而达人”“己所不欲，勿施于人”，浸透了怎样做人的伦理精神。儒家的崇仁、尚义、重节等一系列言论，以及道家所主张的不为境累、不为物役、绝圣弃智、洁身自好，实际上都是对理想人格的追求和对实现个体价值的向往。中华民族有源远流长的人文教育传统，以儒学为中心的人文教育是中华传统人文教育的主流。这种重礼、崇仁、尚义、追求高尚完美人格的人文教育传统，对受教育者思想感情的熏陶、人格的塑造具有不可忽视的作用，培养了一代又一代的优秀人物，维系着中华民族的生存和发展。

二、继承优秀传统文化

中国传统文化，就是影响中国人过去、现在和将来的传统。从一定意义上讲，传统是社会的一种生存机制和创造机制。借助于它，历史才得以延续和发展，社会的精神成就和物质成就才得以保存和实现。

所以说，文化传统并非只是滞留于博物馆的陈列品和图书馆的线装书之间，它还活跃在今人和后人的实践中，并在这种实践中不断发展。每一个有志为民族的未来贡献心智和汗水的中国人，都应该努力熟悉传统、分析传统、变革传统，而学习、研究中国优秀传统文化则有助于培育这种理性态度和务实精神。博大精深的优秀传统文化能“增强做中国人的骨气和底气”，是我们最深厚的文化软实力，是文化发展的母体，积淀着中华民族最深的精神追求。诸如“自强不息”的奋斗精神、“精忠报国”的爱国情怀、“天下兴亡，匹夫有责”的担当意识、“舍生取义”的牺牲精神、“革故鼎新”的创新思想、“扶危济困”的公德意识、“国而忘家，公而忘私”的价值理念等，一直是中华民族奋发进取的精神动力。

三、增强民族自信心

中国传统文化是世界上最古老的文化之一，也是世界上唯一没有过断层的古老文化。它是东方文化的典型代表，有着独特的价值系统和思维方式，是人类文明发展史上的一块瑰宝，对世界文化的发展发挥了重大的推动作用。中国传统文化在人类历史上光芒四射，而且至今仍有重要价值，有的在世界上仍处于领先地位。

随着科学技术的发展，人类进入了信息社会，人类各民族文化相互交流的深度和广度都在不断拓展。在这样的时代大背景下，中华民族及其文化应以怎样的姿态参与合作与竞争，是每个中国人都应该思考的问题。真切把握一个民族的文化特征，比把握诸如皮肤、头发、眼睛的颜色之类的体质特征要困难得多。然而，任何民族，其文化形态虽然纷繁多彩，但都可以寻觅到该民族文化的主色调、主旋律，这便是所谓的民族精神。

中国文化源远流长、博大精深。学习中国文化，是我们认识自己、把握中华民族精神的可靠途径，更有助于振奋民族精神、增强民族自豪感和民族责任感，提高民族自尊心和民族自信心，全面弘扬爱国主义精神，增强凝聚力。

四、认识中国国情

中国在漫长的历史时期内，无论是在经济文化方面，还是在科学技术领域，都走在了世界前列，处于领先地位，只是自明朝中叶以后才逐渐停滞和衰退，落在了西方之后。学习和弘扬中国优秀传统文化对我国经济快速发展能够产生积极的推动作用。承前启后、继往开来的社会主义先进文化是一种有生命力的文化，是一种体现人类文明发展进步方向的文化。我国社会主义先进文化的明显特征有：中国特色社会主义的共同理想、以爱国主义为核心的民族精神、以改革创新为核心的时代精神，以及社会主义核心价值观。

当代中国人面临的历史使命是建设中国特色社会主义，完成这一千秋伟业的前提就是要切实认清中国的国情。国情的实质就是文化的历史与现状。新中国成立以来，走过了艰难曲折的道路，取得了举世瞩目的成就。但是，我们的社会发展和文明进步的程度还远远不能满足人民的需求。数千年的传统文化给我们留下了丰厚的遗产，同时也带来了因袭的重负。外来文化的积极因素我们吸取得还不够充分，但其负面影响已引起我们的警惕和忧虑。深入剖析传统文化与外来文化，总结我们走过的道路，是认清国情的必要工作。

五、开阔文化视野

从古今中外杰出人才的成长过程来看，除老师的教导和课堂学习外，无一不是从前人留下的文化精品中得到启发、受到熏陶。中国传统文化中那些宝贵的经典能给予人无尽的滋养，了解这些经典可以开阔文化视野。它们多是开放的体系而非实证的结论，是关于社会、人生等普遍性问题的论述，因而既是超越时代限制的又是极富民族特色的，对后人具有启迪作用。

学习中华优秀传统文化，不但可以提高个人修养，还可以建设中国未来新文化。中国未来文化是现代文化，它只能是植根于中华优秀传统文化基础之上并能体现中华优秀传统文化精神的新文化。它既是现代的又是传统的，是“现代”与“传统”的统一；它既是世界的又是民族的，是“世界”与“民族”的统一。中华优秀传统文化素有包容精神，能够并善于与外来文化融合，以升华自身。学习中华优秀传统文化，有助于我们开阔视野、解放思想，以海纳百川的气概与开放的心态面向世界，博采各国文化之长，以保持旺盛的活力，创造出更加绚丽多彩的中国特色社会主义文化，对推动人类文明的发展作出自己应有的贡献。

知识链接

商鞅变法之徙木立信

课后思考

一、填空题

1.“文化”这个词，最早出现在 ________ 里。书云：“观乎天文，以察时变；观乎人文，以化成天下。”

2. 通常来说，中国文化主要指 ________ ，即由居住在中国地域内的中华民族所创造出来的一种民族文化。

3. 在商代，________ 的出现，标志着中国文字进入成熟阶段。

4. 春秋战国时期的文学十分辉煌，尤以 ________ 和《楚辞》成就最高。

5. 道家认为人与自然是一个和谐的整体，提出了 ________ 的思想。

二、判断题

(　　) 1. 音乐、美术、文学、哲学、科学等属于文化范畴，但生活方式、房屋结构等不属于文化范畴。

(　　) 2. 古人对“文化”概念的这种规定性从春秋战国时期开始，一直影响到明清。

(　　) 3. 中国文化若以纵向的发展形态区分，可以分为传统文化与现当代文化。

(　　) 4. 汉武帝“罢黜百家，独尊儒术”，从而确立了儒家在中国历史发展中的地位。

(　　) 5.“中庸”旨在承认人与自然的统一性，反对将它们割裂开来。“天人合一”则强调对待事物关系要把握一个度，以避免对立和冲突。

三、简答题

1. 什么是文化？什么是中国文化？

2. 简述中国传统文化发展的四个时期。

3. 你如何理解中华优秀传统文化的时代价值？

课后实践

任务实施

学习完本项目内容后，认真完成任务单。

项目一任务单

任务主题	领略家乡文化，深化爱国教育
任务要求	拍摄家乡关于文化的照片或视频（博物馆允许的前提下），写观后感
任务总结	分小组进行口头观感交流或制作 PPT 进行展示，交流结束后整理相关资料，完成作业上交

任务评价

请各小组选出一名代表展示任务实施的成果，并配合指导教师完成任务评价表。

项目一任务评价表

评价项目	评价内容	分值	评价分值		
			自评	互评	师评
职业素养考核项目	考勤、仪容仪表	10			
	团队交流与合作意识	10			
	创新意识、纪律意识	10			
专业能力考核项目	积极参与教学活动并正确理解任务要求	10			
	认真收集并积极讨论家乡文化的相关资料	10			
	任务实施过程记录表的完成度	10			
	对中国文化发展脉络的掌握程度	20			
	能够准确理解文化作品的内涵、价值	20			
合计：综合分数____自评（20%）+ 互评（20%）+ 师评（60%）		100			
综合评价：					

项目二

培养大国风范：中国传统礼仪

项目导读

几千年来，人类对文明礼仪规范一直孜孜以求。礼仪是一个人、一个民族、一个国家文化修养和道德修养的外在表现，是人类文明的重要标志，是做人的基本要求。礼仪是人获得自尊与自信、社会组织获得理解与支持的重要手段。

中国素有“礼仪之邦”之称。“礼”字在古汉语中与“履”字相通，意思是鞋子。鞋子既不能太大也不能太小，“礼”也是如此，既不能无礼也不能表现得太过。“礼”在社会中无时不在，出行有礼、坐卧有礼、宴饮有礼、婚丧有礼、寿诞有礼、祭祀有礼、征战有礼等。这里的“礼”包含了礼制的精神原则与礼仪行为两大部分。

学习目标

知识目标

△了解中国礼仪的演变过程

△熟悉中国传统的“五礼”

△认知中国传统婚姻习俗

能力目标

△以传统礼仪作为自我行为的参考规范

△把握传统礼仪的内涵与时代价值

素养目标

△培养尊老敬贤的优秀品德

△培养遵循适度的礼规原则

△培养礼貌待人的文明修养

△学会对仪表、仪态的合理塑造

△充分了解中国传统礼仪的内涵

△加深对新时期开展礼仪教育必要性的认知

思维导图

- 中国传统礼仪
  - 传统礼仪概述
    - 中国礼仪的形成
    - 中国礼仪的发展演变
  - 了解传统礼仪习俗
    - 中国传统的“五礼”
    - 中国传统婚姻习俗
  - 探索传统礼仪的价值
    - 尊老敬贤
    - 仪尚适宜
    - 礼貌待人
    - 容仪有整

任务清单

完成一项学习任务后，请在对应的方框中打钩。

课前预习	去图书馆查阅关于中国传统礼仪的相关资料	□
	通过网络或其他渠道了解中国传统礼仪的发展	□
课中学习	了解中国传统礼仪习俗	□
	认知中国传统礼仪的时代价值	□
课后巩固	完成课后相关习题	□
	完成课后实践环节任务单	□

微课堂

任务一　传统礼仪概述

一、中国礼仪的形成

中国古代的“礼”和“仪”是两个不同的概念，“礼”是制度、规则和一种社会意识观念;“仪”是“礼”的具体表现形式，它是依“礼”的规定和内容形成的一套系统而完整的程序。而将“礼”和“仪”连用则始于《诗经·小雅·楚茨》:“为宾为客，献酬交错。礼仪卒度，笑语卒获。”所以，从本质上说，中国古代的“礼仪”更偏重于政治体制上的道德教化。

礼仪起源于原始社会，它是伴随着原始宗教的产生而产生的。有了原始宗教，就有了原始宗教的祭祀活动形式。在祭祀活动的历史发展中，逐渐地完善了相应的规范、制度，宗教礼仪应运而生。这就形成了人类社会最初的礼仪。人类最初的“礼仪”，主要是对神秘不可知的自然界表示敬畏和祈求。而当人们发现对自然的祈求并不能带来福音时，又把这种敬畏逐渐扩展到人类自身。

在原始社会中晚期（约旧石器时期）出现了早期礼仪的萌芽。例如，生活在距今约1.8万年前的北京周口店山顶洞人就已经知道打扮自己。他们用穿孔的兽齿、石珠作为装饰品，挂在脖子上。而他们在去世的族人身旁撒放赤铁矿粉末，举行原始宗教仪式，是迄今为止在中国发现的最早的葬仪。

公元前1万年左右，人类进入新石器时期，不仅能制作精细的磨光石器，并且开始从事农耕和畜牧。在其后数千年的岁月里，原始礼仪渐具雏形。例如，在今西安附近的半坡遗址中，发现了距今约6 000年的半坡村人的公共墓地。墓地中坑位排列有序，死者的身份有所区别，有带殉葬品的仰身葬，还有无殉葬品的俯身葬等。此外，仰韶文化时期的其他遗址及有关资料表明，当时人们已经注意尊卑有序、男女有别，长辈坐上席、晚辈坐下席以及男子坐左边、女子坐右边等礼仪日趋明确。

随着历史的发展，“礼”的内涵有了延伸和扩展。礼仪成为人们在长期的社会实践中逐步形成并以风俗习惯等传统方式固定下来的，为维系社会生活而共同遵守的最简单、最起码的道德行为规范。

趣味故事

王安石礼贤政敌的故事

二、中国礼仪的发展演变

礼仪文明作为中国传统文化的一个重要组成部分，其发展史大致可以分为礼仪的形成时期、礼仪的发展和变革时期、礼仪的强化时期。礼仪的形成和发展，经历了一个从无到有、从低级到高级、从零散到完整的渐进过程。

（一）礼仪的形成时期（前 21 世纪）

礼仪形成于夏、商、周时期，此时是原始社会末期向早期奴隶社会过渡的时期。在此期间，尊神活动逐渐升温。人们敬畏“天神”，于是祭祀“天神”。“礼”的繁体字“禮”，左边代表神，右边是向神进贡的祭物。因此，汉代学者许慎提出：“礼，履也，所以事神致福也。”（《说文解字》）以殷墟为中心展开活动的殷人，公元前 14 世纪末至公元前 11 世纪活跃在华夏大地。他们建造了中国第一个古都——地处现河南安阳的殷都。

推翻殷王朝并取而代之的周朝，对礼仪建树颇多。朝廷设置礼官，专门掌管天下礼仪。特别是周武王的弟弟、辅佐周成王的周公，对周代礼制的确立起了重要作用。他制作礼乐，将人们的行为举止等统统纳入一个尊卑有序的模式之中。礼仪的特征，已从单纯祭祀天地、鬼神、祖先的形式，跨入了全面制约人们行为的领域。全面介绍周朝制度的《周礼》，是中国流传至今的第一部礼仪专著。《周礼》主要记载了古代的设官分职及各官的职权，并详细地叙述了各种典章制度，使自夏以来的传统之礼得到了极高程度的理论提升，为中华民族成为“礼仪之邦”奠定了坚实的基础。在汉以后两千多年的历史中，《周礼》一直是国家制定礼仪制度的经典著作，被称为礼经。

（二）礼仪的发展和变革时期（前 770—前 222 年）

西周末期，王室衰微，诸侯纷起争霸。公元前 770 年，周平王东迁洛邑，史称东周。承继西周的东周王朝已无力全面恪守传统礼制，出现了所谓“礼崩乐坏”的局面。

春秋战国时期是我国由奴隶社会向封建社会转型的时期。在此期间，相继涌现出孔子、孟子、荀子等思想巨人，发展和革新了礼仪理论。这一时期，学术界形成了百家争鸣的局面，以孔子、孟子、荀子为代表的诸子百家对礼教给予了研究和发展，对礼仪的起源、本质和功能进行了系统阐述，第一次在理论上全面而深刻地论述了社会等级秩序划分。

孔子是中国古代大思想家、大教育家，他删《诗》《书》、定《礼》《乐》、赞《周易》、修《春秋》，为历史文化的整理和保存作出了重要贡献。他编订的《仪礼》，又名《士礼》，或称《礼》，是根据当时社会上流传的一些古礼汇辑编订而成，分《士冠礼》《士昏礼》等 17 篇，详尽地叙述了上古贵族生活的各种主要礼节仪式。孔子认为：“不学礼，无以立。”（《论语·季氏》）“质胜文则野，文胜质则史。文质彬彬，然后君子。”（《论语·雍也》）他要求人们用道德规范约束自己的行为，要做到“非礼勿视，非礼勿听，非礼勿言，非礼勿动”（《论语·颜渊》）。孔子较系统地阐述了礼及礼仪的本质与功能，把礼仪理论提高到了一个新的高度。

孟子是战国时期儒家的主要代表人物。在政治思想上，孟子把孔子的“仁”学思想加以发展，提出了“王道”“仁政”的学说和强调民贵君轻，主张“以德服人”；在道德修养方面，他主张“舍生而取义”（《孟子·告子上》），讲究“修身”和培养“浩然之气”等。孟子提出：“丈夫生而愿为之有室，女子生而愿为之有家。父母之心，人皆有之。不待父母之命、媒妁之言，钻穴隙相窥，逾墙相从，则父母国人皆贱之。”（《孟子·滕文公章句下》）

荀子是战国末期的大思想家。《荀子·礼论》云：“礼起于何也？曰：人生而有欲。欲而不得，则不能无求。求而无度量分界，则不能不争。争则乱，乱则穷。先王恶其乱也，故制礼义以分之，以养人之欲，给人之求，使欲必不穷于物，物必不屈于欲。两者相持而长，是礼之所起也。”他主张“隆礼”“重法”，提倡礼法并重。他认为，“礼者，贵贱有等，长幼有差，贫富轻重，皆有称者也”（《荀子·富国》）。荀子指出，“礼之于正国家也，如权衡之于轻重也，如绳墨之于曲直也。故人无礼不生，事无礼不成，国家无礼不宁”（《荀子·大略》）。荀子还提出，不仅要有礼治，还要有法治；只有尊崇礼、法制完备，国家才能安宁。荀子重视客观环境对人性的影响，倡导学而至善。

（三）礼仪的强化时期（前 221—1911 年）

在我国长达 2 000 多年的封建社会里，尽管在不同的朝代，礼仪文化具有不同的社会政治、经济、文化特征，但却有一个共同点，就是一直为统治阶级所利用，是维护封建社会等级秩序的工具。这一时期的礼仪的重要特点是尊君抑臣、尊夫抑妇、尊父抑子、尊神抑人。

公元前 221 年，秦王嬴政灭六国而统一中国，建立起了中国历史上第一个中央集权的封建王朝，并在全国推行“书同文”“车同轨”“行同伦”。秦朝制定的集权制度，成为后来延续 2 000 余年的封建体制的基础。

西汉董仲舒把封建专制制度的理论系统化，提出了“君权神授”和“天人感应”之说。他把儒家礼仪具体概括为“三纲五常”。“三纲”即“君为臣纲，父为子纲，夫为妻纲”。“五常”即仁、义、礼、智、信。汉武帝刘彻采纳董仲舒“罢黜百家，独尊儒术”的建议，使儒家礼教成为定制。

汉代时，孔门后学编撰的《礼记》问世。《礼记》，一般指西汉戴圣所编的《小戴礼记》，今传本共 49 篇，是一部先秦至秦汉的礼学文献汇编。此外尚有戴圣之叔戴德所编的《大戴礼记》。《礼记》堪称集上古礼仪之大成，上承奴隶社会、下启封建社会的礼仪汇集，是封建时代礼仪的主要源泉。

东汉末年，郑玄注《周礼》《仪礼》《礼记》，并著《三礼目录》，“三礼”之名由此而兴。后来，历代学者从学术、思想和政治的角度对三礼进行了多方面、多角度的研究和阐释，即为“三礼之学”，简称礼学。礼学对中国后世的政治制度、社会思想、文化传统、伦理观念等都有很大影响。

宋代时，出现了以儒家思想为基础兼容道学、佛学思想的理学，程颢、程颐二兄弟和朱熹为其主要代表。“二程”认为，“父子君臣，天下之定理，无所逃于天地之间”(《二程遗书》卷五),“礼即是理也”(《二程遗书》卷十五)。朱熹进一步指出,“仁莫大于父子,义莫大于君臣,是谓三纲之要、五常之本,人伦天理之至,无所逃于天地间”(《朱熹文集》卷十三)。朱熹的论述使“二程”的“天理”说更加严密、精致。

家庭礼仪研究硕果累累,是宋代礼仪发展的另一个特点。在大量家庭礼仪著作中,以编撰《资治通鉴》而名垂青史的北宋史学家司马光的《涑水家仪》和以《四书集注》名扬天下的南宋理学家朱熹的《朱子家礼》最为著名。

明代时,交友之礼更加完善,而忠、孝、节、义等礼仪日趋繁多。

清代时,逐渐接受了汉族的礼制并且使其复杂化,导致一些礼仪显得虚浮、烦琐。例如清代的品官相见礼,当品级低者向品级高者行拜礼时,轻辄一跪三叩,重则三跪九叩。清代后期,清王朝政权腐败,民不聊生,而伴随着西学东渐,一些西方礼仪传入中国,形成了独特的“大杂烩”式的礼仪。自此,古代礼仪开始走向衰落。

在漫长的历史演变过程中,国家政治的礼制和家庭伦理构成了中华传统礼仪的主体。

任务二 了解传统礼仪习俗

微课堂

一、中国传统的“五礼”

根据《周礼·春官·大宗伯》记载,中国古代的“五礼”包括吉礼、凶礼、军礼、宾礼和嘉礼。“五礼”各有其用,以吉礼祀邦国之鬼神祇,以凶礼哀邦国之忧,以军礼同邦国,以宾礼亲邦国,以嘉礼亲万民。“五礼”作为我国古代礼仪制度的主要内容历代相袭,其中一些内容延续至今。

(一)吉礼

吉礼是祭祀礼仪,包括祭祀日月星辰、五岳、先祖等。吉礼居“五礼”之冠,足见古人对祭祀的重视。古人祭祀的目的,意在祈求吉祥。

(二)凶礼

凶礼是指用于吊慰家国忧患方面的礼仪,带有生者对死者的顾恋之情。它的主要内容是:以丧礼哀死亡,以荒礼哀凶札,以吊礼哀祸灾,以禬礼哀围败,以恤礼哀寇乱。

知识链接

探秘秦始皇陵

（三）军礼

军礼是指有关军事方面的礼仪，包括校阅、用兵、田猎等活动时的礼仪。《周礼》中的军礼包括大师之礼、大均之礼、大田之礼、大役之礼、大封之礼五种。军旗是军礼的重要内容，军旗在古代战争中还起着发布号令的作用。它往往是军队的核心，代表着军队。除军旗外，鼓、金（金属制打击乐器，后多指锣）也作为军礼的组成部分，指挥行军作战。各种军礼几乎都离不开鼓、金。

1. 大师之礼

大师之礼，用众也。这是天子亲自率领军队出征的时候举行的礼仪。天子御驾亲征，表示必胜的决心，激发将士的义勇之志。

2. 大均之礼

大均之礼，恤众也。上古兵农合一，出则为兵，入则为民，应征的士兵必须自备车马、盔甲等。其意在平摊军赋，使民众负担均衡。

3. 大田之礼

大田之礼，简众也。古代诸侯都参加四时田猎，分别称为春蒐、夏苗、秋狝、冬狩。定期狩猎，意在弯弓骑射、练习战阵、检阅军马。

“四时田猎”是军礼的又一项重要内容，也称狩猎、围猎，即打猎。自周朝开始，凡国内不发生战争、动乱、王位继立及严重的自然灾害等大事，帝王每年都要在四季进行田猎活动，届时也将动用军队参加。因此田猎实际也起着训练和检阅军队的作用，被列入军礼范畴。这种结合打猎活动而进行的军事训练，可使军队常备不懈，因而为历代所沿袭。军队平时训练的典礼称为“行军田役”，在鼓、金有节奏的敲击下，兵士进行基本功的训练，如前进、后退、疏散、集中等。平时训练一般不在郊野，而在专门的练兵场——校场上进行。

4. 大役之礼

大役之礼，任众也。营造宫邑、堤防等需要征调民力，要求根据民力的强弱分派任务。

5. 大封之礼

大封之礼，合众也。诸侯征战，当某个诸侯的领土在失而复得之后要举行仪式，确认原有的疆界，聚集失散的居民，这个仪式叫作大封之礼。

（四）宾礼

宾礼是天子、诸侯接待宾客的礼仪，指诸侯朝见天子以及各诸侯国之间相互交往时的礼节，包括朝、聘、盟、会、遇、觐、问、视、誓、同、锡命等一系列的礼仪制度。

六服之内的诸侯，要按照季节的顺序轮流进京朝见天子。据《周礼》讲，宾礼有六种：“春见曰朝，夏见曰宗，秋见曰觐，冬见曰遇”；如果有不臣服的诸侯，王要会集其他诸侯进行征讨，这类临时出现的会见称为“时见”，即“时见曰会”；如果天子十二年没有巡守，四方诸侯就要前往京师朝见，称为“殷见”，即“殷见曰同”。

（五）嘉礼

嘉礼是和合人际关系，沟通、联络感情的礼仪。嘉礼的内容最为庞杂，涉及日常生活、王位承袭、宴请宾朋等多种内容，以婚礼、冠礼、飨礼、宴礼、贺庆礼、射礼最为重要。婚礼，即男女结合为夫妻时的礼仪。冠礼，是古代男子年满 20 岁时所行的一种典礼，即加冠以示成年（女子 15 岁时行笄礼以示成年）。飨礼，是设酒食款待宾客的一种礼仪。宴礼，古代君臣宴饮之礼。飨与宴内容上有差异，但都同属宴饮之礼，经常合称飨宴。贺庆礼，是对国家有福事或节日时所行的一种礼节。射礼，是古代贵族男子进行射箭时的礼仪。古人在进行一些重大的活动时，常以射箭作为活动中的一项内容，以此体现习武、尚武的风尚。

嘉礼还包括正旦朝贺礼、冬至朝贺礼、圣节朝贺礼、皇后受贺礼、皇太子受贺礼、尊太上皇礼、学校礼、养老礼、职官礼、会盟礼等。

“五礼”的内容相当广泛，从反映人与天、地关系的祭祀之礼到体现人际关系的家族、亲友、君臣上下之间的交际之礼，从表现人生历程的冠、婚、丧、葬之礼到人与人之间在喜庆、灾祸、丧葬时表示的庆祝、抚恤凭吊之礼，可以说是无所不包。这充分反映了古代中华民族的尚礼精神。

二、中国传统婚姻习俗

婚姻即嫁娶之事，是男女双方结合的一种社会现象。在我国古代，“婚姻”二字的产生，应是在父权制度完全确立以后的事。

婚礼是中国传统“五礼”中的嘉礼之一，历来备受重视。清代秦蕙田的《五礼通考》记载，自后齐以来，不管天子庶民，婚礼“一曰纳采，二曰问名，三曰纳吉，四曰纳征，五曰请期，六曰亲迎”，这就是古代婚礼所分的六个阶段，俗称“六礼”。

（一）纳采

纳采是议婚的第一阶段：男方请媒人提亲后，女方同意议婚，男方备礼去女家求婚，礼物是雁。因为男属阳、女属阴，大雁南迁北返顺乎阴阳，象征男女和顺；同时还因雁雌雄固定、有类夫妻，雁失配偶不再择偶，象征爱情忠贞。后世因雁不易捕得，改用鸡、鸭、鹅代替。

（二）问名

问名是求婚后，男方托媒人送信给女方，求问对方的名字及出生年月，女方复信具告。这是准备合婚的仪式。

（三）纳吉

纳吉是把问名后占卜合婚的好消息再通知女方的礼仪。问名之后要将男女双方的生辰八字通过巫师卜卦，卜得吉利即可相配；卜得凶兆，双方告吹。古人迷信，这一礼至关重要。按古俗照例要用雁作为婚事已定的信物，后发展到用戒指、首饰、彩绸、礼饼、礼香烛甚至羊、猪等，故又称送定或定聘。

（四）纳征

经占卜可以成亲的，由男方给女方正式下聘礼的仪式叫纳征，这是成婚阶段的礼仪。这项成婚礼又俗称完聘或大聘、过大礼等。历代礼物不同，但不外乎金银布帛茶。女方受得聘礼，这一门婚事就定了。后来，这项仪式还采取了回礼的做法，将聘礼中食品的一部分或全部退还；或受聘后，女方赠男方衣帽鞋袜作为回礼。聘礼的数目及物品名称多取吉祥如意的含义，数目取双忌单。

（五）请期

请期是送完聘礼后请巫师选一吉日，男方备礼到女家征得同意时的仪式。古俗照例用雁，礼品一般从简。请期礼往往和过聘礼结合起来，随过大礼同时决定婚期。

（六）亲迎

“亲迎”是成亲那天新郎奉父母之命到女方家迎娶的仪式。迎娶一般用花轿，分单顶或双顶。扶新妇上轿的“送亲嫂”，陪新郎至女方家接人的“迎亲客”，都各有要求。回到男方家以后就要举行结婚仪式：一拜天地，二拜高堂，然后夫妻对拜，最后饮合卺酒（或交杯酒）。后来又发展成合髻的仪式，即夫妻并坐，将二人一缕头发束在一起，“结发夫妻”一词由此而来。这项礼仪往往被看作婚礼的主要程序，而前五项则当成议婚、订婚等过渡性礼仪。

花轿

这些形式中有一部分是出于社会关系的需要，如女方家的“添妆”、到男方家时的“开揖”“闹洞房”等，都是确立社会关系的礼仪。

微课堂

任务三　探索传统礼仪的价值

中国几千年来创造了灿烂的文化，形成了完整的礼仪规范。中国被称为“文明古国，礼仪之邦”当之无愧。礼仪文明作为中国传统文化的一个重要组成部分，对中国社会历史发展产生了深远的影响。礼仪所涉及的范围十分广泛，几乎渗透于古代社会的各个方面。但中国古代的礼仪是为了适应当时社会的需要，是从宗族制度、贵贱等级关系中衍生出来的，因而带有明显的历史时代特征。尊老敬贤、仪尚适宜、礼貌待人、容仪有整等是中国传统文明礼仪中颇具积极性和普遍性的礼仪规范。这些文明的礼仪规范对于当今社会个人素质的提高、人际关系的协调、和谐文明社会风气的塑造、社会主义精神文明的建设，仍具有一定的价值。

一、尊老敬贤

中华民族是一个勤劳勇敢的民族，自古以来就尊老敬贤。尊老敬贤是一种精神状态，也是一种社会风尚，能陶冶人们的情操，帮助人们树立正确的和谐观念。在构建和谐社会的今天，尊老敬贤不仅是中华民族的优良传统，更是一种社会美德。古往今来，那些尊老敬贤、爱老养老的贤人君子，为世人所传颂，成为道德的楷模。

尊老是中国传统文化中的一大特色，即孝敬父母、尊敬老人和长辈，是一种美德，也是成为文明人的象征。第一，中国原始社会到封建社会的人际政治伦理关系是以氏族、家庭的血缘关系为纽带的，所以在家遵从祖上、在外尊敬长辈早已成为人们生活的一种习惯。第二，中国古代社会“儒家”思想的主导地位，使“礼治”和“仁政”为历代封建统治者所推崇，敬贤成为一种历史的必然要求。《孟子·告子下》说：“养老尊贤，俊杰在位，则有庆。”古代的敬老，并不是只停留在思想观念和说教上，也并不仅止于普通百姓的生活之中。从君主、士族到整个官绅阶层，都在身体力行，并且形成了一套敬老的规矩和养老的礼制。《礼记·祭义》说：“古之道，五十不为甸徒，颁禽隆诸长者。”就是说，五十岁以上的老人不必亲往打猎，但在分配猎物时要得到优厚的一份。《养蒙便读》说：“侍于亲长，声容宜肃，勿因琐事，大声呼叱。”《弟子规》又说：“低不闻，却非宜。”总之，上至君王贵族，下达庶人百姓，都要遵循一定的规矩，用各种方式表达对老者、长者的孝敬之意，因为这是一个人有修养的重要标志。

任何形态的社会，都需要尊敬老人。不仅因为老人阅历深、见闻广、经验多、劳动时间长、对社会贡献大，理应受到尊敬，同时也是因为他们在体力和精神上较差，需要获得照顾和帮助。这种传统礼仪，对于形成温情脉脉的人际关系以及有序和谐的伦理关系，不管是古代还是现代，都起着重要作用。

由于中国古代社会推崇“礼治”和“仁政”，敬贤已成为一种历史的要求。敬贤就是崇敬品德高尚的人、有才能的贤达之人。敬贤是一个人的品德，也是一种美德。在我国古代，开明而又有远见的统治者都很重视人才，他们敬贤纳士的例子举不胜举。周文王访贤时，在渭河边亲自寻找姜子牙。三国时候有个典故叫“三顾茅庐”，说的是刘备仰慕诸葛亮的才能，要请他帮助自己打天下，便亲自到诸葛亮居住的草房请他出山，一而再，再而三，诸葛亮才答应。从此，诸葛亮的雄才大略得以充分发挥，为刘备的事业“鞠躬尽瘁，死而后已”。今天我们提倡发扬古代“敬贤之礼”，须赋予现代新人才观的内容，就是要尊重知识、尊重人才。

尊老敬贤是社会主义精神文明建设的重要组成部分，它对于提高公民的道德水准、促进社会新风气的形成具有积极的作用。今天，必须发扬尊老敬贤的优良传统，更好地促进社会和谐。

经典赏析

论语·述而

子曰："述而不作，信而好古，窃比于我老彭。"

扫一扫

论语·述而
【注释 译文】

二、仪尚适宜

仪尚适宜就是要人们通过比较适合的形式，来表达内心丰富的情感。这种情感是理智感、美感和道德感有机结合的产物。在表现形式上，激情、应激和心境的有机结合始终决定着情感的强与弱，决定着情感的两极性。"仪尚"的实质就在于有效地表现其自身与事物发展的适合度。"仪尚适宜"是一个人甚至一个民族最起码的道德水准。在古代，当人们遇到重大节日和发生重要事件时，就有许多约定俗成的仪矩，比如：获得丰收要欢歌庆贺，遇到灾祸要祈求神灵保佑，遇到喜事要设宴款待。久而久之，就形成了许多节庆及礼仪形式，如春节、元宵、中秋、重阳等。事实上，每个重大节日都有其特定的礼俗，在中华民族的发展史上已经形成了一种定式。

翻开中国古代史，婚丧和节庆等活动都是社会生活中的大事，透视其过程可见每一种活动的礼仪都规定得格外详尽而周密，从服饰、器皿到规格、程序和举止的方位都有具体的规定。这些规定的可贵之处就在于"适宜"。宋代《二程集》说："奢自文生，文过则为奢，不足则为俭。"即仪式的规模在于得当，适当的文饰是必要的，但文饰过当就会造成奢侈浪费，偏离礼规的要求；而过于吝啬、妨碍到仪式的进行也是不得体的。这句经典无疑对我们今天举行各种仪式具有极其重要的指导作用。我们应把握好各种仪式的规模，坚持适度的原则，有机地将历史形成的必要的仪矩同信息化时代的现代文明相结合，使我们的礼仪活动既隆重又不至于华而不实，使每一种活动都能体现出中华民族的传统美德。

三、礼貌待人

礼貌待人是在中华民族的发展中人与人、群体与群体、民族与民族、国家与国家和谐相处的精神支柱，是中华民族重要的道德规范之一。遵循礼规、礼貌待人是中华民族几千年来文明史的真实写照。透视其辉煌灿烂的发展过程，每个真实的典故都给人们以启迪与反思，充分说明了中华民族在世界文明中所承担的重要角色。

（一）与人为善

中华民族历来非常重视遵循礼规、礼貌待人。其中许多耐人寻味的经验之谈，无论过去和现在，都给人以启迪。中华民族的发展史最突出的一个字就是“善”。正因为“善”，我们的民族才兴旺发达。“善”是我们推动社会发展的动力之所在，是出自我们每一个中华儿女内心的诚意，是诚于中而形于外的基本法则。与人相处，为善当先。而这个“善”，应是出自内心的诚意，是诚于中而形于外，而不是巧言令色和徒具形式的繁文缛节。如果表面上恭敬热情而内心虚伪，或是仅仅内心尊敬而毫无表情，都是不够的，表里一致，才能从根本上消除人与人之间的隔阂、摩擦，进而互敬互爱、友好相处。尊重他人，就要平等待人，不分贵贱等级，一视同仁。如果只是对上层人士献其礼敬，以财势取人，以利益交人，其实是小人所为。据《论语·子罕》载，孔子与穿丧服、戴礼帽穿礼服的人和盲人相见时，即使这些人年轻，他也必定站起来；经过别人面前时，一定快步走过，以示敬意。古人敬人的方法，也有值得借鉴的地方：要尊重他人的意愿，体谅别人的需要和禁忌，不能强人所难。不苛求别人做不能做的事，不强求别人接受不喜欢的东西。

在与人的交往中，幽默与善意的玩笑往往能给人带来轻松愉快的感觉，但决不可戏弄取乐。如果拿别人姓名作为笑料，或给人起不雅的绰号，都是十分不敬的。

（二）礼尚往来

中华民族是一个崇尚“礼尚往来”的民族。礼尚往来，是礼貌待人的一条重要准则。《礼记·曲礼上》说：“礼尚往来，往而不来，非礼也；来而不往，亦非礼也。”这就是说礼节上应该有来有往，换句话说，就是接受别人的好意必须报以同样的礼敬。这样，人际交往才能平等友好地在一种良性循环中持续下去。对于受恩者来说，应该“滴水之恩，涌泉相报”。在古人眼中，没有比忘恩负义更伤仁德的。“以德报德”，有恩必报，是待人接物的基本道德修养。当然，往来之礼也该适度，过度和不及都是不合适的。送礼的本意在于表达敬意或谢意，所谓礼轻意重，并非越多越好。正如《庄子·山木》所说：“君子之交淡若水，小人之交甘若醴。君子淡以亲，小人甘以绝。彼无故以合者，则无故以离。”

在中华民族几千年的历史长河中，形成了许多文明礼貌的称呼，如老师称恩师、别人的父母称令尊、别人的兄弟称令兄等。尊重别人，做到与人说话的态度诚恳和气、举止大方得体、在生活中讲文明礼貌，比最高的智慧、渊博的学识都重要。礼貌待人体现了一个人对别人的尊重和友善，是中华民族宝贵的精神财富。

四、容仪有整

一个人的仪表、仪态，是其修养、文明程度的表现。“仪”是指外表、举止和态度，是一个人的容貌风度；而一个人的仪表、仪态是其修养、文明程度的表现。在古代，容仪是指在朝廷、祭祀、军旅、丧纪中应有的四种容仪。汉代贾谊《新书·容经》说：“容有四起：朝廷之容，师师然翼翼然整以敬；祭祀之容，遂遂然粥粥然敬以婉；

军旅之容，湢然肃然固以猛；丧纪之容，恸然慑然若不还。”古人认为，举止庄重、进退有礼、执事谨敬、文质彬彬，不仅能够保持个人的尊严，还有助于进德修业。古人对仪表的要求，最重要的有如下三个方面。

（一）衣着容貌

《弟子规》说：“冠必正，纽必结，袜与履，俱紧切。”这些传统规范，至今仍然具有很强的影响力。事实上，帽正纽结、鞋袜紧切是仪表的基本要求。在社会交往中，一个人如果衣冠不整、鞋袜不正，就会使别人产生反感与厌恶。个人的衣着打扮，必须适合自己的职业、年龄、生理特征、所处的环境和交往对象的生活习俗，做到得体大方。浓妆艳抹，矫揉造作，只会适得其反，产生消极的影响。

（二）行为举止

《论语·学而》说：“君子不重则不威，学则不固。”显然，古人要求在礼节上，举止不可轻浮、不可亵渎，应该庄重、谨慎而又从容。这是因为，只有庄重才有威严，只有学习才不闭塞。具体来说，要做到“站如松，坐如钟，行如风，卧如弓”，在公众场合做到“非礼勿视，非礼勿听，非礼勿言，非礼勿动”（《论语·颜渊》），处处合乎礼仪规范。

（三）言语辞令

语言是人们思想、情操和文化修养的一面镜子。古人将诚恳地修饰言辞看成是立业的根基，《论语·子路》中说：“言必信，行必果”。巧言令色的人，是不可能取信于人的。另外是慎言。古人说：上天生人，于舌头上下两排牙齿紧密围裹，又在外面包一层厚厚的嘴唇，就是要人们说话一定要谨慎。当然古人并非要求人们少言语，而是要求说话应视具体情况，当说则说，当默则默。《论语·卫灵公》说：“可与言而不与之言，失人；不可与言而与之言，失言。知者不失人，亦不失言。”这一切说明，在交往中，一定要取信于人，不要巧言令色，说话要谨慎。

尊老敬贤、仪尚适宜、礼貌待人、容仪有整是华夏传统礼仪的精华。这些传统文明礼仪，从外在来看是一种无声的语言，它反映出一个人的道德修养，也向人们传递着一个人对整个生活的内在态度。毫无疑问，传统文明礼仪对我国社会历史发展具有积极影响。如果每个人都教养有素、礼貌待人、处事有节，我们的生活就会多一些愉悦，而国家、社会也多一些有序与和谐。从这一点讲，礼仪对社会起着政治、法律所起不到的作用。在今天的社会主义精神文明建设中，我们应立足于吸收民族文化中的精华，使传统文明礼仪古为今用，这对建立一套新的现代文明礼仪具有极其重要的借鉴和启示意义。

课后思考

一、填空题

1.“礼”是 ________ 和一种社会意识观念；“仪”是“礼”的具体表现形式，它是依“礼”的规定和内容形成的一套系统而完整的程序。

2. 礼仪形成于夏、________、________时期。

3. 婚姻即嫁娶之事，是男女双方结合的一种社会现象。在我国古代，“婚姻”二字的产生，应是在________以后的事。

4. 根据《周礼·春官·大宗伯》记载，中国古代的五礼包括________、________、________、宾礼和嘉礼。

5. 仪尚适宜就是要人们通过比较适合的形式，来表达内心丰富的情感。这种情感是________、________、________有机结合的产物。

二、判断题

（　）1. 宋代《二程集》说：“奢自文生，文过则为奢，不足则为俭。”即仪式的规模应以高级、奢华为好。

（　）2.《礼记·曲礼上》说：“礼尚往来，往而不来，非礼也；来而不往，亦非礼也。”这就是说，在礼节上接受别人的好意，要顺其自然，不一定要报以同样的礼敬。

（　）3. 敬贤就是崇敬品德高尚的人、有才能的贤达之人。

（　）4. 从《论语·学而》“君子不重则不威，学则不固”可见，古人在礼节上提倡举止不可轻浮、不可亵渎，应该庄重、谨慎而又从容。

（　）5. “五礼”各有其用，以吉礼祀邦国之神祇，以凶礼哀邦国之忧，以军礼同邦国，以宾礼亲万民，以嘉礼亲邦国。

三、简答题

1. 简述中国礼仪的演变过程。
2. 简述中国古代婚礼所分的六个阶段。
3. 传统礼仪的价值主要体现在哪些方面？

课后实践

任务实施

学习完本项目内容后，认真完成任务单。

项目二任务单

任务主题	领略礼仪文化，深化爱国教育
任务要求	列举生活中体现中国传统礼仪习俗的方方面面
任务总结	分小组进行口头交流并做概要记录，交流结束后整理相关资料，完成作业上交

任务评价

请各小组选出一名代表展示任务实施的成果，并配合指导教师完成任务评价表。

项目二任务评价表

评价项目	评价内容	分值	评价分值		
			自评	互评	师评
职业素养考核项目	考勤、仪容仪表	10			
	团队交流与合作意识	10			
	创新意识、纪律意识	10			
专业能力考核项目	积极参与教学活动并正确理解任务要求	10			
	认真收集并积极列举生活中的礼仪习俗	10			
	任务实施过程记录表的完成度	10			
	对中国文化礼仪习俗的掌握程度	20			
	能够准确理解礼仪的内涵、价值	20			
合计：综合分数____自评（20%）+ 互评（20%）+ 师评（60%）		100			
综合评价：					

项目三

探索经典思想：中国传统哲学

项目导读

思想是文化的核心，传统思想对中国古代政治、经济、哲学、文学、艺术、军事、宗教、科技、教育等方面有着深远的影响，发挥着潜移默化的支配作用。正是这些传统思想，充分反映了中华民族对和平、安定生活环境的向往，对和谐、稳定社会秩序的期盼，对美好、富足生活的渴望，推动着中国社会的发展。

学习目标

知识目标

△熟悉儒家学说思想内涵

△了解老庄思想核心内容

△理解法家思想的实效性

能力目标

△把握中国传统哲学的思想精髓

△能够列举我国古代著名的思想家及作品

△了解我国古代思想的现代价值

素养目标

△丰富精神世界，形成本民族特有的价值体系

△培养探讨人与人、人与社会、人与自然关系的能力

△践行孝悌忠信、礼义廉耻、仁者爱人、与人为善、自强不息的传统规范

△培养民族自信心和以爱国主义为核心的民族精神

思维导图

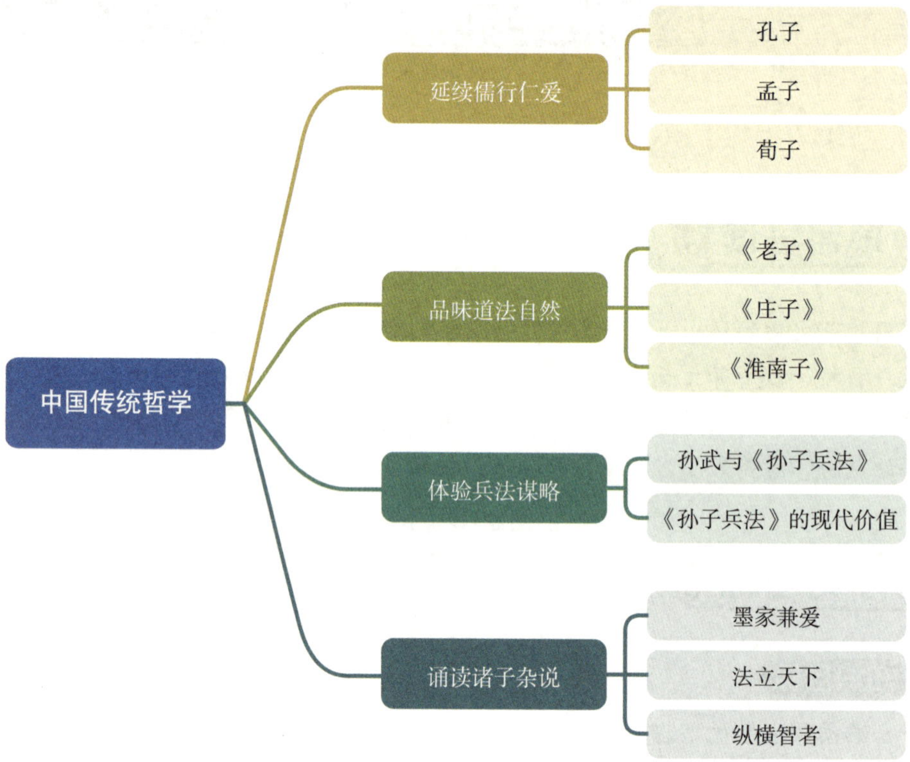

任务清单

完成一项学习任务后，请在对应的方框中打钩。

课前预习	去图书馆查阅我国古代诸子百家的相关资料	□
	通过网络或其他渠道了解我国古代哲学思想的发展	□
课中学习	认真学习诸子百家的代表性思想及作品	□
	认知中国古代哲学思想的时代价值	□
课后巩固	完成课后相关习题	□
	完成课后实践环节任务单	□

“诸子百家”是后世对先秦学术思想人物和派别的总称。诸子是指先秦时期的老子、孔子、庄子、墨子、孟子、荀子等学术思想代表人物，百家是指阴阳家、儒家、墨家、名家、法家、道家等学术流派。

春秋后期出现了颇有社会影响的法家、道家、儒家、墨家、阴阳家等不同学派，而至战国中期，诸多学派纷呈，众多学说丰富多彩，为中国文化发展奠定了深厚的基础。历史上把这一时期称为诸子百家或百家争鸣时期。

第一位对诸子百家进行分类的是西汉史学家司马谈，他将诸子百家分为阴阳家、儒家、墨家、名家、法家和道家六家。随后西汉史学家刘歆把诸子百家分为十类，除了司马谈列出的六家之外，还有纵横家、杂家、农家和小说家。西汉史学家班固在刘歆的基础上去掉小说家，后人将剩下的九家称为“九流”。

儒家是九大学派之首，政治上主张德治和仁政。自汉武帝“罢黜百家，独尊儒术”后，儒家学说成为中国古代社会文化的主流。其代表人物有孔子、孟子、荀子。

道家在政治上主张无为而治、不崇尚贤人、不与民争利。其代表人物有老子、庄子。

法家提倡重农抑商，力主耕战，主张严刑峻法。其代表人物是韩非子。

墨家主张“兼爱”“非攻”，崇尚贤人，内部宗法严密。墨家领袖称为“巨子”（也称“钜子”）。其代表人物是墨子。

名家着重研究“名”与“实”的关系，“白马非马”是名家著名的议题。其代表人物有惠施、公孙龙。

阴阳家认为人类社会的发展受到“水、木、火、土、金”五行势力的支配，以“五德始终”学说来论证社会的变迁和王朝的兴替。其代表人物是邹衍。

纵横家培养了一批纵横捭阖的谋士，苏秦主张南北合纵以抗秦，张仪主张东西连横以事秦，两派因此得名“纵横家”。其代表人物就是苏秦、张仪。

杂家是博采各家学说的综合学派，主张“兼儒墨，合名法”，代表了文化融合的趋势。其代表人物是吕不韦。《吕氏春秋》是一部典型的杂家著作集。

农家重视农业生产，主张“与民并耕而食”。其代表人物是许行。

诸子百家各自发展，但是存在很多相同的研究内容，各家各派也提出了不同的看法，仅仅是对人性的认知就有儒家提出的“性善论”和法家提出的“性恶论”。看法不同，诸子百家之间自然就有争论，史称“百家争鸣”。

诸子百家各有各的研究侧重点也各有各的性格，儒家厚重、道家飘逸、墨家严谨、法家冷峻……然而，各个学派能够博采众长，遵循“和而不同”的原则，不断吸收和借鉴其他学派的思想来完善自家学说。到了战国末期，荀子的学说兼纳百家，不仅融合了儒家思想，也吸收了道家、法家、阴阳家、墨家的思想。荀子的学说充满了儒家刚健有为的精神，包含了墨家的严谨、法家的冷峻、阴阳家的辩证思维，“天下同归而殊途”。

任务一　延续儒行仁爱

微课堂

儒家思想以“仁”为核心，强调明道弘毅，希求由“修身”而“希贤希圣”、治国平天下。儒家主要有三位代表人物，即孔子、孟子、荀子，他们的思想为后世儒学的发展奠定了基础。

一、孔子

孔子（前551—前479年），名丘，字仲尼，春秋末期鲁国人。孔子是儒家学说的创始人，为“使学术普遍化之第一人”。他幼年丧父，生活艰难，青年时做过牛羊管理者和会计工作。他曾说“吾少也贱，故多能鄙事”。他好学不辍，习熟典章，精通礼、乐、射、御、书、数六艺。约30岁时，他开始私人讲学，这是他一生的主要事业，先后有弟子三千、贤者七十二。孔子的一生充满坎坷与苦楚，但他却“发愤忘食，乐以忘忧”，培育了杰出的弟子，开创了儒家学派，对中国文化起到了至为深远的影响。孔子是至圣先师，也是“温而厉，威而不猛，恭而安”（《论语·述而》）的长者，通过司马迁《史记·孔子世家》、钱穆《孔子传》、匡亚明《孔子评传》、李木生《人味孔子》等著述，我们既可以领略孔子博大精深、含纳万千的思想，又可以感受其愤慨忧思与充实愉悦，并从中受到无穷的启迪。

孔子

在孔子的思想中，“仁”是核心概念。“仁”之概念并非孔子首创，但孔子将原来与“忠”“信”“敬”“义”等其他伦理概念地位平等的“仁”提升为人格的至高境界。孔子以为君子应当时刻以仁自励，如果放弃了仁德，君子便无从成就自己的名声。

《论语·颜渊》记载，樊迟问仁，孔子回答了极简约的两个字：“爱人”。真诚友善地关心他人的处境和内心感受进而帮助他人、成全他人，这便是仁爱。李零说：仁就是拿人当人。首先是拿自己当人，其次是拿别人当人。拿自己当人，则知自尊自重，以正当的途径实现人生价值。拿别人当人，则是推己及人，对于他人与己相近的心智情感有真切的同情，在为个人目标而努力的同时也能考虑他人的感受与需求，进而尊敬、关怀和成全他人。

爱，作为人类的美德与推动社会和谐的重要前提，成为先秦诸子思考的重要概念。不同的学派关于爱的表述各不相同：墨子提倡无差别的爱人如己的“兼爱”；老子主张“不仁”和“慈”。儒家仁爱思想的独特性在于它是有差等的爱，由近及远、推己及人的爱；关爱他人源于对父母兄长的“孝悌”，“孝”是尊重父母，“悌”是敬重兄长。在儒家看来，亲情是培养“仁”的土壤，一个连父母的养育之恩也不回报的人不可能做到“仁”、不可能“泛爱众”。孟子曰：“仁之实，事亲是也。义之实，从兄是也。智之实，知斯二者弗去是也。礼之实，节文斯二者是也。”（《孟子·离娄上》）因此，孝悌受到历代儒者与统治者的尊崇并成为中国宗族社会和传统文化的思想基石。梁漱溟以为“孝悌的提倡”和“礼乐的实施”合起来便是孔子的宗教，“孝悌实在是孔教唯一重要的提倡”。

《论语》中的仁，或者作为与智、勇等德行相类的具体德行，或者作为包含众德的至高境界，即冯友兰所说的“全德”。作为具体德行，孔子戒除高远之博施济众，强调推己及人与自觉践行。作为至高境界的“全德”，仁之境界峻伟摩天、难以企及。

在“仁”的基础上，孔子对礼的阐释便有了鲜活的灵魂，有了“礼之本”。“礼”是用以严格区分亲疏、长幼、贵贱、尊卑、上下、男女的宗法制度。孔子论治国之道，认为“为国以礼”；论处事之道，认为“齐之以礼”；论修身之道，认为“博学于文，约之以礼”“不知礼，无以立”；论人生愉悦，认为“兴于诗，立于礼，成于乐”。值得注意的是，孔子指出不仅要以礼约束自身，而且要理解礼乐的根本在于仁义（质）。

仁、义、智、勇、忠、信诸德均由现实中抽象而出，概念性的理解可逐渐得以深化，现实中的践行则显得更为具体、复杂、令人困惑。身处非常之情境，关于儒家思想的践行不能僵化与固执。随着社会的变迁与时代的改易，儒家思想亦当在坚持核心精神的同时因时因势而演进。此种权变与损益是孔子思想的重要内容，而其改易的原则便是作为至德的“中庸”“时中”。“中”即恰到好处的所在，无过无不及；“庸”指平常。《论语译注》的作者杨伯峻认为，孔子拈出这两个字，就表示他的最高道德标准其实就是折中的和平常的东西。因为平常，所以世人皆可行之，时时处处皆可由之；因为是“最高道德标准”，所以难以尽其妙处，应当不懈求之，于历史、人生、社会等方面反复思考与体悟。张立文说：“孔子结合‘时’与‘中’，使传统‘尚中’思想由静态单一的结构（‘无过无不及’）发展成为动态变易的系统（‘无可无不可’）……并由此直契天人秩序之美，并因此而把‘中庸’上升为一种对天人和谐之美的体认与追求。”学习儒家思想的人，应当以中庸、中和为思维方法与向往之境，笃行仁义，持信循礼，如此便能推动社会的进步与和谐。

经典赏析

狱中题壁

（清）谭嗣同

望门投止思张俭，忍死须臾待杜根。
我自横刀向天笑，去留肝胆两昆仑。

扫一扫

狱中题壁
【注释 译文】

二、孟子

孟子

孟子（约前 372—前 289 年），名轲，鲁国邹人。孟子倡导王道仁政，反对霸道，并以“仁义”游说齐、梁、鲁、邹、滕等国。然而，诸侯国君心思各异，强国志在富国强兵、并吞天下，弱国备受侵凌、欲求自保而不得，由此，阴谋诈术，强取豪夺，无所不用其极，孟子的仁政理想付诸一梦。但是，孟子颇具思辨色彩的性善学说与性命思想、深得人心的民本思想和仁政主张，使他得到后世的尊崇，被尊为“亚圣”，在儒学史上影响卓著。

孟子主张“性善”论，认为人生来即有向善之心。他认为“人皆有不忍人之心”“今人乍见孺子将入于井，皆有怵惕恻隐之心”（《孟子·公孙丑上》）。恻隐之心为“仁之端”，此外“羞恶之心，义之端也；辞让之心，礼之端也；是非之心，智之端也”。此即所谓“四端”之说。“四端”为人所固有，“人之有是四端也，犹其有四体也”。只要将“四端”发扬光大，人之德性将充实而有光辉，“凡有四端于我者，知皆扩而充之矣，若火之始然，泉之始达。苟能充之，足以保四海；苟不充之，不足以事父母”（《孟子·公孙丑上》）。孟子以火苗、清泉为喻，说明扩充四端的重要性：努力扩充，足以平定天下；反之，不能孝养父母。

以性善论为基础，孟子将孔子的“德治”思想发展为“仁政”学说。政治关系方面，他发展了古代的“民本”思想，提出了“民为贵，社稷次之，君为轻”的观点，劝诸侯“以德王天下”，着眼于争取民心，“保民而王”。他反对霸道，主张王道，认为诸侯之宝有三即“土地、人民、政事”（《孟子·尽心下》）。经济关系方面，他主张“制民之产”，使百姓能够生活下去，以保持小生产的相对稳定性。

孟子主张仁政，对现实中的战争和横征暴敛异常愤怒。他主张以道德服人之心，对于武力扩张深恶痛绝，于是提出：“此所谓率土地而食人肉，罪不容于死。故善战者服上刑，连诸侯者次之，辟草莱、任土地者次之。”善战者、好战者在当时受器重，孟子却主张他们应当接受最重的刑罚，联结诸侯和驱使百姓开荒种植的人都应该受到惩处。这种主张显然不会被当世接受，但却表达了孟子鲜明的反战立场，表达了他对和平与王道的期盼。出于对混乱时局的痛恨，孟子明确提出，当身处国君昏庸残暴、荼毒生灵之世时，世人可奋起反抗。他认为君臣关系是相互的，臣子无须愚忠。

孟子所阐述的社会理想与孔子的富之、教之的思想具有本质的一致性。孟子认为，要实现社会理想，统治者首先必须“制民之产”、保障老百姓的“恒产”不受侵害，让他们“仰足以事父母，俯足以畜妻子”，这样，培养百姓的“恒心”就有了可靠的基础，进而再办好学校教育，大力传播、弘扬孝悌之义，“老者衣帛食肉，黎民不饥不寒”的社会理想才可以得以实现。

孟子还通过知心、知性、知天的认识路线，构建了“天人合一”的思维模式，把人的主观能动性提高到道德境界，主张积极有为的人生过程。在孟子看来，心、性、天具有内在的联系，它们的统一在认识层面要从尽心、知性开始，进而才能知天；在实践层面要从存心、养性开始，进而才能事天。需要指出的是，孟子这里所说的心，即前面所讲的四心：恻隐之心、羞恶之心、辞让之心、是非之心；而所谓的性，就是“善”。孟子是“性善”论者，仁、义、礼、智就是“性善”的具体表现。在孟子看来，天具有仁、义、礼、智的道德属性，人的仁、义、礼、智之善性就是由天赋予的。因此，一个人能尽心知性就能知天、存心养性就可事天，从而进入天人合一的境界。

三、荀子

荀子（约前 313—前 238 年），名况，字卿，战国末年赵国人。公元前 255 年，他被楚相春申君任命为兰陵令，春申君死后被免官，居兰陵著书授徒。其著作由后人辑为《荀子》。

荀子

荀子反对孟子的“性善”论，认为“人之性恶，其善者伪也”（《荀子·性恶》）。然而，荀子对于孟子的争论不是针锋相对的争论，因为他很可能不曾看到后来所流行的《孟子》一书，所以对于孟子人性论的内容可以说毫无理解。徐复观以为，荀子和孟子关于欲望的看法有一致之处。他以“生而有好利焉，顺是，故争夺生而辞让亡焉”（《荀子·性恶》）为据，以为其中强调“顺是”的观点与孟子“物交物，则引之而已矣”之说“实际没有多大出入”；“孟子主张寡欲，而荀子主张节欲，对欲的态度更是一致”。

在天命观上，荀子提出了“天人相分”“人定胜天”的理论。他认为，自然界有其运行的规律，“天不为人之恶寒也辍冬，地不为人之恶辽远也辍广”（《荀子·天论》）。荀子看到了天的运行与人间事务的变迁的不一致，提出了“制天命而用之”和“人定胜天”的思想，这反映了荀子生活的时代社会生产力与人类力量的发展。

从孔子到孟子再到荀子，体现了先秦儒学的基本脉络。孔子奠定了儒家学说发展的基础；孟子则揭示了实现“天人合一”的途径，强调通过个体的内在修养培养完美的君子人格，进而达到“天人合一”的境界；而荀子在天人相分的前提下，主张“隆礼重法”。冯友兰在《中国哲学简史》中称孟子为儒家理想主义流派之代表、荀子为儒家现实主义流派之代表，精辟地揭示了两者的思想特质。儒家至荀子，具有了更强的现实性。荀子的礼法思想既继承了儒家传统的礼治思想，又具有“重法”的特色，因而他是从儒家到法家的过渡人物。他的弟子韩非、李斯后来成为法家的代表人物。

微课堂

任务二　品味道法自然

儒家主张士人以积极有为的心态重建社会秩序，以弘道为己任。张载“为天地立心，为生民立命，为往圣继绝学，为万世开太平”很好地表达了儒家宏大高远的胸怀。与此不同，道家主张“道法自然”，倡导古朴、守柔、无为的境地，追求无己、无功、无名的逍遥境界。

一、《老子》

老子（约前 571—前 471 或 470 年），姓李，名耳，字聃，楚国苦县（今河南鹿邑）厉乡曲仁里人，道家学派创始人。《史记·老子韩非列传》记载，孔子“问礼于老子”，归谓弟子曰：“鸟，吾知其能飞；鱼，吾知其能游；兽，吾知其能走。走者可以为罔，游者可以为纶，飞者可以为矰。至于龙，吾不能知，其乘风云而上天。吾今日见老子，其犹龙邪！”《史记·老子韩非列传》一文行文飘逸渺濛，充满神奇色彩，多有猜测不详之语，如“老子乃著书上下篇，言道德之意五千余言而去，莫知其所终”，“盖老子百有六十余岁，或言二百余岁，以其修道而养寿也”。

老子之生平事迹如蒙云雾，《老子》之成书也是学术界难以解开的谜团。李零以为，“老子其人，也许比较早，但书是另一码事，绝不可能在儒、墨前”。《老子》现存三个版本：帛书本、楚简本和传世本。帛书本于 1973 年出土于长沙马王堆汉墓，抄写年代在西汉初年。楚简本于 1993 年出土于湖北荆门市郭店村楚墓，此墓下葬年代为战国中期偏晚，即公元前 4 世纪中叶至公元前 3 世纪初。传世本的成书年代则众说纷纭，有春秋末期说、战国前中期说、战国末期说等。

《老子》开篇云：“道可道，非常道。名可名，非常名。”“道”高妙玄远、自然无为，是《老子》宇宙观的核心。人与万物都根源于“道”，“道”是人与世界的一种本原关系，它是“天地之始”“万物之母”“众妙之门”。道化生万物，“道生一，一生二，二生三，三生万物”（《道德经》第 42 章），“有物混成，先天地生，寂兮寥兮，独立而不改，周行而不殆，可以为天地母。吾不知其名，字之曰道，强为之名曰大”（《道德经》第 25 章）。自然、无为是道的本性，“道法自然”揭示了整个宇宙的特性以及生生不息的流行规律。

道是无为的，个人也应顺应自然、超迈逍遥，把个体的自然存在和精神自由置于一切外在的附加物之上，走出人生的困境。《老子》主张“返璞归真”，认为人的生命存在要与自然沟通，节制和超越物质欲望，自始至终保持自己的自然天性。《老子》提出了“致虚极，守静笃”的修道方式，认为得道之人如同“赤子”“婴儿”，处于纯真、朴实的状态：“众人熙熙，如享太牢，如春登台。”

无为并非不作为，而是以“无为”自然求得“无不为”，即“无为而无不为”。“无为”即顺其自然、不任意妄为，这样就能收到很好效果，所谓“为无为则无不治”“无为而无不为”。《老子》主张“为而不争”“利万物而不争”“生而不有，为而不恃，功成而弗居”，这种“不争”也就是以“无为”的态度来“利万物”、求“功成”，同时做到不争功。就治国而言，《老子》也主张无为而治，以为“治大国若烹小鲜”，治国者的最高境界为“下知有之”。

二、《庄子》

庄子（约前 369—前 286 年），名周，战国时期宋国蒙（今河南商丘东北，一说在今安徽蒙城）人。现存《庄子》33 篇，其中内篇 7 篇为庄子自作，外篇 15 篇和杂篇 11 篇或为庄子后学之作。相较于老子而言，庄子更强调人的精神超越，以达到与天地精神合而为一的境界，实现个体的逍遥。庄子的思想主要表现在以下几个方面：

（一）哲学观方面

庄子视“道”为本体、为宇宙万物的总规律，“道者，万物之所由也。庶物失之者死，得之者生；为事逆之则败，顺之则成”（《庄子 · 渔父》）。道虚静恬淡、自然无为，世人当追求无为之境，合乎大道。

（二）社会观方面

庄子主张治国以道：君主应当效法天道，“无为而尊”。他说：“何谓道？有天道，有人道。无为而尊者，天道也；有为而累者，人道也。主者，天道也；臣者，人道也。天道之与人道也，相去远矣，不可不察也。”庄子反对治天下，主张“在宥天下”。“在宥”，陈鼓应在《庄子今注今译》中将其解为“自在宽容”，意为不干涉民生、与民休息、让万物各得其所。

（三）个人方面

庄子强调人的精神超越，以达到“与天地精神相往来”之境。一方面，克制外在于自身的各种欲望，摆脱物质享受、名誉地位、知识能力等的束缚，主张“藏金于山，藏珠于渊；不利货财，不近富贵；不乐寿，不哀夭……万物一府，死生同状”，追求“安时而处顺，哀乐不能入”，达到解脱之境。另一方面，修炼内功，做到心斋、坐忘，达于“至人无己，神人无功，圣人无名”的逍遥之境。《庄子 · 人间世》说：“无听之以耳而听之以心，无听之以心而听之以气。听止于耳，心止于符。气也者，虚而待物者也。唯道集虚。虚者，心斋也。”“听之以耳”，易被言语、声音迷惑；“听之以心”，易被主观之“我”迷惑，因为“心”包含了好恶、是非、利害、成见、“集体无意识”等个人不易察觉的主观情智；“听之以气”，指“虚而待物”、摒弃偏执，以虚静空明的心境体悟达道，让外物纯客观地进来、纯客观地出去，而不加一点主观上的判断。心斋即突破用感官、用心智来理解外部世界的局限，进入虚静空明的心境，并以之容纳一切。心斋是近乎悟道的认识方法，坐忘则是近乎适道的实践途径。坐忘即“坐而自忘其身”,“堕肢体,黜聪明,离形去知,同于大通”(《庄子·大宗师》)。“离形”即“堕肢体”,消解形体和与之相伴的欲望;“去知”即“黜聪明”,摒弃个人的成见和情智。当人忘掉一切事物包括自身形体的存在时,就能与大道融通为一体。在庄子看来,心斋、坐忘是一个人进入最高境界的根本途径,舍此无他。

三、《淮南子》

除《老子》《庄子》之外,以道家思想为主的著作还有《列子》《黄老帛书》《淮南子》等。在此着重介绍《淮南子》一书。

《淮南子》又名《淮南鸿烈》,是西汉时期淮南王刘安召集门客撰著之书。《淮南子》融合众家思想,而以道家思想为基本倾向。《淮南子》一书内容繁复,涉及哲学、政治、经济、军事、天文、地理、农学、生物、音律、神话等方面,可以说是我国古代一部百科全书式的著作。全书以“太上之道”为宗旨,统合百家之说,将各篇的内容熔铸成一个有机的整体。

《淮南子》对老庄“道”范畴作了进一步阐发,认为“道”具有时空的无限性、“道”是万物生成和变化的总规律。和老庄一样,《淮南子》也主张无为,认为无为者为“道之宗”(《淮南子·主术训》)。但《淮南子》所主张的无为,是顺自然而无私欲,和老庄不尽相同。

《淮南子》一书深入论述了人生问题,认为处世应遵循道的准则,纵志舒节、与时俯仰。针对当时社会人们拘于功名富贵、荣辱得失的现状,作者认为真正伟大的人应胸怀凌云之志,以“道”作为终极关怀的对象。作者最羡慕的是“性合于道”的真人,认为真人能还本返朴、与道合体,是大道最完满的体现者。“性合于道”,则可参透生死、达观玄览。作者认为生命与死亡、成功与毁坏都是物质存在的不同形式,对死亡心怀恐惧不是达人所持。作者主张对死生不应过于介怀,尤其不能将爱憎喜怒加于其间,应懂得生与死都是天地造化的自然流变,是气化的不同环节。

作者积极探索治国之道,追求“至德之世”,以为终极之道既可用于治身又可推及于治国,治国之道与治身之道是贯通的。作者描述了古代的“至德之世”,于其中寄托了对理想社会的向往。显然,《淮南子》中的理想社会是一个自然而然、人与自然相和谐的社会。

《淮南子》发展了老庄的养生理论,主张养气与养神相结合,把人看成是形、神、气的统一体。“形”指形体五脏;“神”指精神;“气”指看不见、摸不着但能感觉到的存在。其中,最重要的是养神。《淮南子·泰族训》:“治身,太上养神,其次养形;治国,太上养化,其次正法。神清志平,百节皆宁,养性之本也;肥肌肤,充肠腹,供嗜欲,养生之末也。”因此,理想的个人尚无为而崇自然形神合一;理想的国家大化流行,世人各得其所。

任务三 体验兵法谋略

微课堂

在中国古代浩如烟海的兵书中，有七部影响较大的著作被称作“武经七书”，即《孙子兵法》《吴子兵法》《六韬》《司马法》《三略》《尉缭子》《李卫公问对》。这其中,《孙子兵法》作为中国现存最早的兵书，被誉为中国的“兵学圣典”。它也是世界上最早的军事著作，早于欧洲克劳塞维茨的《战争论》约 2 300 年，在世界上享有极高的声誉。在此，我们选取《孙子兵法》作为阐释文本，对兵家思想做简要介绍。

一、孙武与《孙子兵法》

《孙子兵法》又称《孙子兵书》《孙武兵法》，作者为春秋时期的吴国将军孙武。

孙武

众所周知，春秋战国时期乃是我国历史上第一个大的乱世，正如司马迁在《史记·太史公自序》里描述的那样：“春秋之中，弑君三十六，亡国五十二，诸侯奔走不得保其社稷者不可胜数。”孙武所在的春秋时代，正是列国群雄争霸的时代，战争和谋略成为各国兼并扩张的主要手段。据记载，春秋时期 300 年左右的历史中，有记录的战争近四百次。在如此频繁的战争中，人们积累了丰富的经验，更有众多的志士仁人研究兵法，几乎“士无不言兵”。正是在这样的历史背景下，《孙子兵法》诞生了。

《孙子兵法》共有 6 000 字左右，分 13 篇，分别是《始计篇》《作战篇》《谋攻篇》《军形篇》《兵势篇》《虚实篇》《军争篇》《九变篇》《行军篇》《地形篇》《九地篇》《火攻篇》《用间篇》。各篇既可独立成章，又相互联系。孙武用极其精练的笔墨建立了世界上最早的战争哲学体系，内容博大精深，思想深邃富赡，逻辑缜密严谨，是古代军事思想精华的集中体现。

知识链接

孙武简介

《孙子兵法》内容广泛、意义深远，除对战略、战术、军队建设和后勤保障等战争诸要素进行了深刻的论述外，还有政治、经济、外交、组织管理、法制建设、地理环境、侦察通信、间谍使用等多方面的内容，有着博大精深的思想体系。《孙子兵法》在唐朝时开始流传到国外，今天已有十几种文字的译本，具有广泛的世界影响。

在日本，《孙子兵法》的影响远远超出了军事领域，它的许多原则已被广泛地应用于经济、商业、教育、管理、体育、医疗甚至家庭生活等方面，还出现了“孙子兵法管理学派”，对日本经营管理理论的研究和实践的发展起了很重要的推动作用。《孙子兵法》传入欧洲的时间虽然较晚，但一到欧洲，就引发了极大的关注，法、英、俄、德等国均有《孙子兵法》的译本。第二次世界大战以后，一些国家还出现了研究《孙子兵法》的热潮，有的学校还将其列为必读之书，很多当代军事理论家的论著都不同程度地汲取和运用过孙子的思想。美国《大战略》一书的作者约翰·柯林斯高度赞扬孙子是“古代第一个形成战略思想的伟大人物”。

以我们今天的眼光看，虽然《孙子兵法》的军事理论有不足之处，但它的理论研究深度远远超出了同时代的兵法著作，其卓越的军事思想也深深地影响了后世，因此《孙子兵法》受到古今中外的广泛推崇也就在情理之中了。

二、《孙子兵法》的现代价值

《孙子兵法》包含了许多有价值的哲学思想、谋略原理以及战略设计，不仅适用于军事，也适用于许多其他领域。很多现代企业都把《孙子兵法》的辩证思想和军事谋略运用到企业经营和商战中，《孙子兵法》的现实意义已远远超出了兵书的范畴。而就整个社会和个人而言，学习《孙子兵法》，对于弘扬我国优秀的传统文化、培养爱国情操、训练思维品质等很多方面，也都是有帮助的。

比如，《始计篇》中提到的“攻其无备，出其不意”，在孙武看来就是“兵家之胜”的秘诀，打仗要想赢就得攻打对方防御薄弱的地方。其实这里的“攻其无备，出其不意”，从思维的角度来说，就是一种逆向思维。一般而言，人类的思维是具有方向性的，存在着正向与逆向的差别，并由此产生了正向思维与逆向思维两种形式。正向思维就是指沿着人们的习惯思路去思考，而逆向思维则与正向思维背道而驰，是对习惯、常规的一种反叛。

我们在解决问题时，习惯于采用正向思维，当然，这么做往往能收到令人满意的效果。但正向思维也容易限制我们的创造力，让人难以有所突破。所以，很多时候我们得与常规思维做斗争，只有打破了思维定式才能实现“出奇制胜”。大家小时候都应该听过司马光砸缸的故事，其他孩子都慌张地想把落水的孩子救出来，但水缸很深，救人不易，于是大家便束手无策了。只有司马光能想到用砸缸的方式把水排出，解除落水孩子的威胁。这样不按常理出牌的做法就是一种逆向思维的体现。

再如，《始计篇》中还提到做一个合格的将领应该具有“智、信、仁、勇、严”

五种品质，这对我们今天学会做人同样具有普遍的借鉴意义。一个人所应该具有的“智”首先就是指过硬的专业素养，它是我们事业上的立身之本、成才之基。在“智”的基础上，我们与人交往时要诚实守信，《论语》里说：“人而无信，不知其可也。”人要是失去了诚信，就会像没有轮子的车一样走不远。除此之外，我们还应该“仁者爱人”，因为善待别人是一种胸怀、关心别人是一种品质，唯有仁爱才能让社会变得更加和谐。当然，我们在生活中难免会遇到各种挫折，就像《孟子》中说的：“故天将降大任于是人也，必先苦其心志，劳其筋骨，饿其体肤，空乏其身，行拂乱其所为，所以动心忍性，曾益其所不能。”

当遇到困难的时候，我们最需要的就是“勇”。这是一种气概，也是一种担当。不畏险阻，继往开来，只有这样，我们自己、我们整个民族才能不断负重前行。最后，我们每个人都应该严于律己，严格要求自我，严守做人底线，“严”能帮助我们不在诱惑面前迷失、不改初心。

《孙子兵法》不仅是一部杰出的军事著作，更是一部闪耀着“理性之光”的哲学著作。它是我国优秀传统文化中的一份珍贵遗产，也是今天我们做人做事的智慧源泉。“从古知兵非好战”，我们学习兵法，不是要成为好战分子，相反，是要对战争建立更为清醒、理性的认知，并在此基础上运用兵法韬略带给我们的启示去解决学习、生活中遇到的各种难题，少走弯路。谋略不是小花招，而是大智慧。

值得一提的是，除了《孙子兵法》以外，中国历史上还有很多论述兵法的军事著作。先秦的时候，兵家也是诸子百家学派之一，并且位列影响最大的“九家”之中。据《汉书》记载，先秦时“凡兵书五十三家，七百九十篇，图四十三卷”，数量之多，令人叹服。兵家根据其各自不同的侧重点又可分为权谋家、形势家、阴阳家和技巧家四类，杰出的代表人物有孙武、孙膑、吴起、尉缭、赵奢、白起、张良、韩信等。这些兵家的有识之士，积极总结军事方面的经验教训，研究制胜的规律，给后世留下了一部部富含智慧的旷世杰作。

除了开篇提到过的“武经七书”以外，历代有名的兵书还有战国时的《孙膑兵法》、唐代的《太白阴经》、宋代的《武经总要》《何博士备论》《守城录》《历代兵制》、明清的《武备志》《登坛必究》《战略》《纪效新书》《百战奇略》《曾胡治兵语录》等。此外，还有许多论兵的文章，比如诸葛亮的《隆中对》、辛弃疾的《美芹十论》和《九议》等。这些兵书、兵论在哲学、科学、天文学、气象学、文学、历史学等方面都有相当高的价值，对今日充满竞争的政治、外交、选才用人、商场角逐、为人处世等方面都有着不容低估的指导意义。

任务四　诵读诸子杂说

微课堂

所谓诸子百家，是对先秦时期各个学术派别的总称。据《汉书·艺文志》的记载，先秦学派约有 189 家，著作有 4 300 余篇。班固说：“王道既微，诸侯力政，时君世主，好恶殊方，是以九家之术蜂出并作，各引一端，崇其所善，以此驰说，取合诸侯。”春秋战国之世，各种学说纷纷涌现，各执一词，各崇其理，各派名士周游列国、讲学著书，以期赢得诸侯的认同。在这些学派之中，影响最大的即班固所说的“九家”，后世或又称“九流”，分别是阴阳家、儒家、墨家、名家、法家、道家、纵横家、杂家和农家。各家思想各有特色，共同创造出了春秋战国时期灿烂辉煌的文化成就。

一、墨家兼爱

墨家思想学说的创始人是墨子。墨子（约前 476 或 480—前 390 或 420 年），名翟，春秋战国时期鲁国（一说宋国）人，我国古代伟大的哲学家、思想家、科学家、军事家。

墨子出生在没落贵族之家，少年时代做过牧童，学过木工，据说他制作守城器械的本领比公输盘（鲁班）还要高明。墨子是一个相当有文化又比较接近工农小生产者的士人，曾做过宋国大夫。墨子的思想学说受到大批手工业者和下层士人的追捧，逐步形成了自己的墨家学派。在法家崛起以前，墨家和儒家并列为“显学”，在当时的百家争鸣中有“非儒即墨”之说。

墨子的思想学说体现在《墨子》一书中，主要有以下几点：

第一，主张“兼爱”“非攻”。兼爱也称兼相爱，是指人们应当爱护别人如同爱护自己，不受等级地位、家族地域的限制，彼此之间相亲相爱。非攻不是反对所有战争，而是反对一切非正义的战争。对于防御战，墨子是支持的，他自己就曾经带人参加过好几次帮人守城的战争。兼爱和非攻是“体”和“用”的关系。兼爱表现为大到国家之间要“兼爱”，小到人与人之间也要“兼爱”，而非攻则主要表现在国与国之间。只有“兼爱”才能做到“非攻”，也只有“非攻”才能保证“兼爱”。

第二，主张“天志”。墨子认为天是有意志的，不仅决定着自然界的变化，还支配着人间的社会政治；如果君主违背上天的意志，就会受到上天的惩罚。这是墨家尚同、兼爱、非攻思想的核心起点。

第三，提倡“尚同”“尚贤”。墨子认为尚同与尚贤是相辅相成的，是“为政之本”。尚同思想是高度的集权主义，实施自上而下的控制与管理，要求从组织系统的领导关系到思想意识都绝对地服从于上级。尚贤表现为尊重有才德的人。墨子把尚贤看得非常重要，认为是“政事之本”，提出了“官无常贵，民无终贱”的主张。

第四，提倡“节用”。节用是墨子非常重视的一个观点。他反对奢侈浪费，提倡俭朴，认为君主应该向大禹一样过着俭朴的生活，并要求墨家弟子在这方面身体力行。

墨家门徒遍及天下。墨子死后，墨家分化成两支：一支转化为秦汉社会的游侠，积极从事政治活动；另一支继承和发展了墨家学说，注重认识论、逻辑学的研究，在肯定感觉、经验在认识中的作用的基础上承认理性思维在认识中的作用，对前期墨家的经验主义倾向有所克服，史称“墨家后学”或“后期墨家”。后期墨家发展了古代逻辑学，“墨辩”开创了中国逻辑学的先河。他们思维缜密，具有逻辑头脑，令人惊叹。墨家在建立认识论和逻辑方面的努力，超过了中国古代的任何其他学派，在中国古代逻辑史上占有重要地位。

由于墨家思想独有的政治属性，加上汉武帝“罢黜百家，独尊儒术”的政策，墨家不断遭到打压，逐渐失去了存在的基础。清末民初，学者们从故纸堆中重新挖出墨家，经研究发现了其进步性；经过一些学者的努力，墨家学说中的一些有益观点开始重回人们的视野。

墨子除了创立了墨家思想学说外，还在科学技术方面作出了突出贡献，涉及数学领域里的算学、几何学，物理学领域里的声学、力学和光学，以及机械制造学。

在数学领域，墨子给出了一系列算学和几何学概念的命题和定义，比如“倍”“直线”“正方形”等。关于“圆”的定义，墨子说“圆，一中同长也”，“圆，规写交也”，也就是说，与中心同长的线构成了圆，用圆规绕中心一周即可画成圆。据考证，《墨子》成书的年代比古希腊欧几里得的《几何原本》还要早，但其涵盖的内容却丰富得多。

在物理学领域，墨子在声学、力学和光学方面都有重要贡献。

在声学方面，墨子对声音共振现象进行了研究和应用，制造了监听敌人动向、预防攻城的工具。《墨子》上明确记载，当守城者发现敌军开掘地道时，可在城墙下挖井，井中放置一口新缸，缸口蒙一层薄牛皮，令听力聪敏的人伏在缸上监听敌方的动静。这项伟大的发明被称为地听，是利用声音在固体中的传播速度比在气体中快得多的道理，声音经过缸体的共振放大让侦察者更容易判断敌人所在的方向。

在力学方面，墨子明确提出了“力，形之所以奋也”（力是物体加速运动的原因），他更进一步指出“力，重之谓”（力与重力等效），把重力与重量区分开来。他的这一论断与近两千年后伽利略、牛顿的理论极为接近。

在光学方面，墨子详尽地说明了小孔成像的原理：“人足在下，蔽着下光，故足的影成于壁的上方；人首在上，蔽着上光，故首的影成于壁的下方。”光线照入小孔和箭的射入一样，即光是直线传播的，从物体高处射入的光线到达壁的下方，从物体低处射入的光线到达壁的上方。

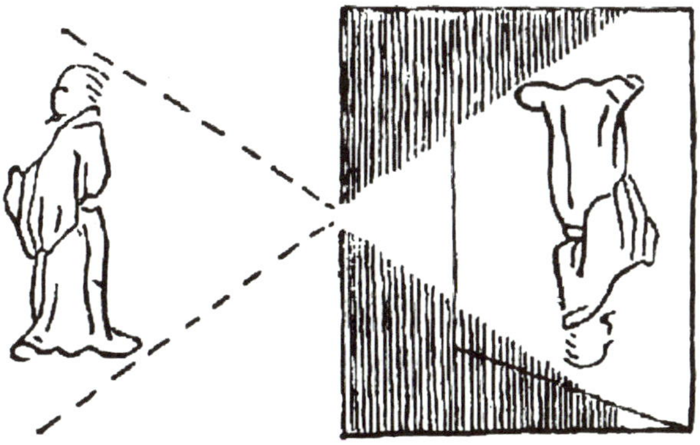

小孔成像

墨子作为机械制造大师，第一个提出了机械设计三大定律，以规范机械师的设计标准。这三大定律在《墨子》中称“三表”。墨子提出机械设计，一要根据历史的经验；二要观察人们的反应；三要考察实际效果是否有利于国家和人民。

墨子的著作对杠杆、斜面、滑车等于民有利的机械原理大书特书。比如，他完整无误地阐述了杠杆原理，指出杠杆省力的原因乃“本短标长”（短臂叫本，长臂叫标）。他提倡用滑轮（挈）与斜面（滑车）来帮助提升重物。

墨子在军事器械的设计上不遗余力。通过他的著作，我们可以看到先秦战场上华丽的机械化作战场面。如攻城战车，覆盖有生牛皮，里面可以装载十人。推动它直抵城墙，可以挖掘和破坏墙体，堪称古代坦克。“连弩车”结构极其复杂，一发数十箭，反力甚大。故制造连弩车的木材两端须一尺见方，长度视城墙厚度而定，需十人操作。“抛石机”由纯铁打造，一部分埋在地下，由多人操纵，能够投掷炭火、石块等。此外，《墨子》还记载了“云梯”“悬门”“轩车”“轺车”等攻守装备。

二、法立天下

西周封建社会的运转，依靠的是“礼”与“刑”两大法宝。礼包括礼节、举止行为和社会习俗，应用范围仅限于贵族;刑就是惩罚，应用范围是普通百姓。《礼记》中明确提出“礼不下庶人，刑不上大夫”，就说明了这两大法宝的应用范围。

西周封建社会的结构相对简单，贵族之间因血缘关系和姻亲关系联结在一起，都是亲戚关系，因而西周封建社会能依靠这两大法宝正常运转。随着社会的发展，这种关系逐渐被削弱，大国用侵略、兼并的方法扩大领土，贵族和平民的界限越来越模糊。为了强化国家的统治,各国纷纷寻找集中权力的理论和方法,法家顺势而生。法家在组织大众、担当领袖、扩张土地、富国强兵上的理论和方法，在当时是最行之有效的。

法家思想的代表人物有管仲、子产、李悝、申不害、商鞅、韩非等。其中，韩非是法家思想的集大成者。

管仲（约前 723—前 645 年），春秋时期法家代表人物，中国古代著名的经济学家、哲学家、政治家、军事家，被誉为“法家先驱”。齐桓公元年（前 685 年），管仲任齐相，在任内大兴改革、富国强兵，使齐桓公成为春秋五霸之首。

商鞅（约前 390—前 338 年），战国时期政治家、改革家、思想家，法家代表人物。商鞅通过变法，一改秦国积贫积弱的境况，使秦国成为“强秦”，史称“商鞅变法”。政治上，商鞅改革了秦国户籍、军功爵位、土地制度、行政区划、税收、度量衡以及民风民俗，制定了严酷的法律;经济上，商鞅主张重农抑商、奖励耕战；军事上，商鞅作为统帅，率领秦军收复了河西，为秦国的强盛立下了汗马功劳。

韩非（约前 280—前 233 年），战国末期韩国新郑（今河南新郑）人，韩国皇室后裔，中国古代著名的哲学家、思想家。

韩非将商鞅的“法”、申不害的“术”和慎到的“势”集于一体，是法家思想的集大成者。韩非是荀子的学生，他将老子的辩证法和荀子的朴素唯物主义融为一体，同时重视吸收墨家思想，集儒家、道家、墨家、法家四大思想流派的精华于一身，也是先秦诸子百家思想的集大成者。

韩非是韩王之子，但他的政治主张不被韩王重视反而受秦王嬴政的赏识。韩非的法家思想后来被秦王嬴政重用，帮助秦国富国强兵，从而最终统一六国。

三、纵横智者

在诸子百家中，有一派以谋略直接干预列国外交乃至影响天下格局的群体，即纵横家，代表人物有鬼谷子、苏秦、张仪等。他们多明于辩说、善于辞令、长于外交、精于权谋、奔走游说、入朝参政，对当时政治格局产生了深远的影响。纵横家的代表作有《鬼谷子》《苏子》《张子》，另有记录各策士游说之辞的《战国策》。与其他诸子百家多重著书立说、理论总结不一样，纵横家更看重实践。他们没有系统的学术思想，也没有固定的政治主张，只是依据各国具体的情况与不同的政治要求来设策定谋。

纵横家的产生有其特殊的历史原因：春秋战国乃是一个割据纷争的时代，天下四分五裂。各个国家为了稳固统治，必须在自身国家建设的基础上，利用战争以及联合、排斥等各种外交手段在列国中周旋。纵横家也就应运而生了。他们凭借自己的才智、胆识，游说各国诸侯，动之以形势，诱之以利害，外陈言辞，内设计谋，常以三寸之舌化解百万之兵。他们所设计的外交策略和外交战术，至今仍有很大的影响。

纵横家们虽然辩才无碍、巧舌如簧，常常搅动列国风云，但有时为了达到自己的目的却不择手段，且功利心重，士无定主、朝秦暮楚。而他们献计于国多是“权时制宜”，并无长远规划，容易反复无常，因此其他诸学派对其贬多褒少，认为其不是国之正道。但我们今天客观公正地去评价纵横家，应该承认他们乃是先秦时期不可多得的智慧群体，他们对天下大势有着清醒的认识并顺应时势、积极入世，以自己的智慧和口才影响当时的政治格局从而名扬一时，且不论他们的人生追求是否高尚，他们那种始终向前、百折不挠的精神是值得肯定的。他们的口才、辩论技巧，以及《战国策》中那些辩词所展现出来的纵横捭阖、凌厉无双的气势，让后世之人尤其是文学家们大为倾倒，成为文章写作尤其是议论文写作时的模仿对象。另外，由“合纵”“连横”发展而来的诸多外交原则、策略，在后世争战和国家交往中也起到了重要作用，对我们今天正确处理纷繁复杂的国际关系具有重要的现实意义。

总之，诸子百家以其各自的思想和主张为中国传统文化的发展奠定了宽广的基础，给后代留下了很多深刻的启示：无论是儒家的“己所不欲，勿施于人”的仁道思想、道家的“道生一，一生二，二生三，三生万物”的朴素唯物主义思想、墨家的科学精神、法家的法治思想，还是兵家的智慧谋略、纵横家的外交智慧，在今天都依然闪烁着耀眼的光芒。而所有这些，至今仍深刻地影响着中华民族，如同一条滔滔大河，千古不废。我们可以学习儒家的刚健有为，学习墨家的兼爱非攻，学习道家的自然清净，学习法家的废私立公。海纳百川，兼收并蓄，只有这样，才是对先秦诸子最好的纪念。

课后思考

一、填空题

1. 诸子是指先秦时期的________、________、________、________、________、________等学术思想代表人物。

2. 百家是指________、________、________、________、________、________等学术流派。

3. 春秋后期出现了颇有社会影响的________、________、________、________、________等不同学派，而至战国中期，诸多学派纷呈，众多学说丰富多彩，为中国文化发展奠定了深厚的基础。历史上把这一时期称为诸子百家或百家争鸣时期。

4. ________是儒家学说的创始人，为“使学术普遍化之第一人”。

5. 道家主张________，倡导古朴、守柔、无为的境地，追求无己、无功、无名的逍遥境界。

二、判断题

（　）1. 春秋战国之世，各种学说纷纷涌现，在这些学派之中，影响最大的即是班固所说的“九家”，后世或又称“九流”，分别是阴阳家、儒家、墨家、名家、法家、道家、纵横家、杂家和农家。

（　）2.《庄子》主张无为而治，以为“治大国若烹小鲜”，治国者的最高境界为“下知有之”。

（　）3. 法家思想的代表人物有荀子、子产、李悝、申不害、商鞅、韩非等。

三、简答题

1.《孙子兵法》分为哪些篇目？

2. 简述韩非法家学说的主要主张。

课后实践

任务实施

学习完本项目内容后，认真完成任务单。

项目三任务单

任务主题	列举《孙子兵法》案例，探讨哲学精髓
任务要求	结合看过的影视剧或书籍，列举《孙子兵法》的经典案例，探讨事件背后蕴含的哲学思想
任务总结	分小组进行口头交流并做总结记录，交流结束后整理相关资料，完成作业上交

任务评价

请各小组选出一名代表展示任务实施的成果，并配合指导教师完成任务评价表。

项目三任务评价表

评价项目	评价内容	分值	评价分值		
			自评	互评	师评
职业素养考核项目	考勤、仪容仪表	10			
	团队交流与合作意识	10			
	课后知识储备量	10			
专业能力考核项目	积极参与教学活动并正确理解任务要求	10			
	可以列举出相关案例	10			
	任务实施过程记录表的完成度	10			
	对中国哲学思想的掌握程度	20			
	能够准确理解哲学思想的内涵、价值	20			
合计：综合分数____自评（20%）+互评（20%）+师评（60%）		100			
综合评价：					

2

模块二

文学与艺术

项目四

传承不朽诗篇：中国传统文学

项目导读

中国文学有数千年的悠久历史，随着朝代的更替，凭借着特殊的内容、形式和风格以独特之姿绽放：汉之盛在赋、唐之盛在诗、宋之盛在词、元之盛在曲、明清之盛在小说。中国文学凭借着自身的审美理想、思想文化传统和理论批判体系，以悠久的历史、多样的形式、众多的作家、丰富的作品、独特的风格、鲜明的个性、诱人的魅力而成为世界文学宝库中光彩夺目的瑰宝。

学习目标

知识目标

△把握《诗经》的语言技巧、表现手法等特色

△了解《楚辞》《九歌》的主要内容与特色

△掌握唐诗宋词的历史成就与风格特色

△品味明清小说，把握其文学价值

能力目标

△把握中国传统文学的思想精髓

△了解人们耳熟能详的优秀文学作品

素养目标

△通过对中国古代文学的学习，充实精神世界

△提高审美情趣，培养文学创作能力

△开阔视野、增益见识、启迪智慧、丰富生命体验

△领悟中华民族强大的文学创造力和民族智慧

思维导图

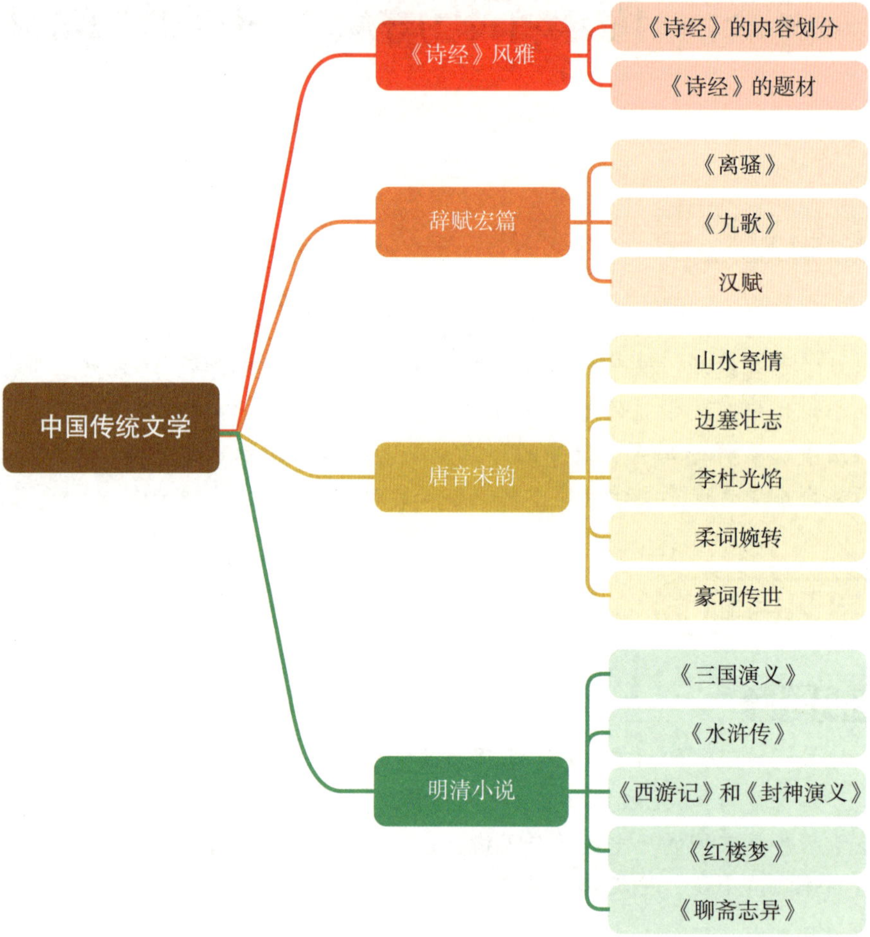

任务清单

完成一项学习任务后，请在对应的方框中打钩。

课前预习	去图书馆查阅中国文学的相关资料	□
	通过网络或其他渠道了解我国文学的发展	□
课中学习	认真诵读文学经典篇目	□
	认知中国文学所取得的辉煌成就	□
课后巩固	完成课后相关习题	□
	完成课后实践环节任务清单	□

任务一 《诗经》风雅

微课堂

在我国数千年文学长河的源头，有一股静静流淌的清泉，那便是《诗经》。《诗经》又称“诗三百”，是我国第一部诗歌总集，共收集了自西周初年到春秋中叶（约公元前 11 世纪至约公元前 6 世纪）大约五百年间的诗歌 305 篇，共四万余字。另外还有 6 篇仅见名目而不存文辞，宋代学者朱熹将其称为“笙诗”。《诗经》产生的地域在今黄河、渭水两岸及江汉之北。这些诗歌的作者姓名多不流传，可考证者极少，绝大部分篇章当为集体所作。《诗经》之成书大约为周代史官采编，据说曾经孔子校订整理。

一、《诗经》的内容划分

《诗经》最初之名称其实只有一个字，即“诗”。我们在先秦的散文中常可以看到“诗云”“诗曰”这样的表述，又比如《论语》中说“小子何莫学夫《诗》”（《阳货》）、“不学《诗》，无以言”（《季氏》）等。后来此书被汉代儒家学者们奉为儒家经典，因而得了《诗经》之名，从此沿用至今。

汉代时，《诗经》的流传有“鲁诗”“齐诗”“韩诗”“毛诗”四个版本，合称“四家诗”。其中前三家皆属今文诗学，故又并称为“三家诗”，分别为鲁人申培传《鲁诗》、燕人韩婴传《韩诗》和齐人辕固所传《齐诗》。“三家诗”在西汉时皆立于学官，置博士，颇为兴盛，然而在魏晋以后先后亡佚。“毛诗”为毛亨、毛苌所传，是古文诗学，虽比“三家诗”晚出，且在西汉未被立为官学，但在民间广泛传授，因其学有渊源，又有经学大师郑玄作笺，贾逵、马融等大学者亦都治“毛诗”，故而最终压倒了“三家诗”，于东汉时盛行于世，并一直通行至今。

《诗经》全书分为风、雅、颂三部分，一般学者认为，这是按照音乐来划分的。因为《诗经》的诗篇当初都是乐歌，由于曲调的特点不同，因此划分为三类，后来乐谱失传，仅留歌词，我们今天看到的不过是一部乐曲歌词的底本。

风，即十五国风，共有 160 篇，为各诸侯国的土风歌谣，带有浓郁的地方色彩，相当于我们今天意义上的“民歌”和“地方小调”。十五国风分别是位于东区的《齐风》，位于南区的《周南》《召南》《陈风》，位于西区的《秦风》和《豳风》，位于北区的《魏风》和《唐风》，以及位于中区的《郑风》《卫风》《邶风》《鄘风》《王风》《桧风》《曹风》。

雅，为西周王畿的乐调，共有 105 篇。王畿，即都城地区，也就是渭水流域地区。为什么称这一地区的乐调为雅诗呢？有以下两种解释：其一，“雅”同“夏”，周称西周的王畿为“夏”，雅乐就是“夏乐”，夏乐就是王畿乐调；其二，雅者，正也，雅乐即正乐，当时称诸侯国的地方音乐为俗乐，周天子的都城是全国的中心，出于尊王观念，便把王畿之乐称为“正乐”。这两种解释都有一定的道理。“雅”诗可分为“大雅”和“小雅”，分别为 31 篇和 74 篇。除《小雅》中有少量民歌外，大部分是贵族文人的作品。

颂，是王室宗庙祭祀时所用的舞曲歌词，内容多为赞美神灵或祖先之功德。颂诗共有40篇，其中周颂31篇，产生于王畿地区、渭水流域，是西周初年的作品；4篇鲁颂和5篇商颂则都是东迁以后到春秋中叶之间的作品，产生于鲁国和宋国。

关于这些民间歌谣是如何集中到朝廷来的，则有不同说法。汉代的一些学者认为，周王朝派有专门的采诗人到民间收集歌谣，以了解政治和风俗的盛衰利弊。又有一种说法：这些民歌是由各国乐师收集的。乐师是掌管音乐的官员和专家，他们以唱诗作曲为职业，收集歌谣是为了丰富他们的唱词和乐调。他们将收集到的诸侯之乐献给天子，这些民间歌谣便汇集到朝廷里了。

《诗经》被采集和编订主要是出于政治和教化的目的，后来被奉为经典也与儒家的“乐教”和“诗教”理念密切相关。儒家经典《荀子·乐论》讲述了音乐的重要性以及古代圣王设置音乐的目的和原则：音乐是人的情感表达必不可缺的东西。人的所作所为，包括声音、举止、性情及其表现方式的变化，全都会体现在音乐之中。如果不对人的行为进行引导，就难免招致祸乱。古代的圣王憎恶祸乱，所以创作了《雅》《颂》的音乐来引导人们，使那歌声足够用来表达快乐而不淫荡，使那歌词足够用来阐明正确的道理而不流于花巧，使那音律足够用来感动人们的行善之心，使那些邪恶肮脏的风气没有途径能和民众接触。可见，“善民心”和“移风易俗”是当时音乐的重要功能。

孔子在《论语·阳货》篇中指出了《诗》作为文学艺术的美学特征和社会功用：“子曰：小子何莫学夫《诗》？《诗》，可以兴，可以观，可以群，可以怨。迩之事父，远之事君，多识于鸟兽草木之名。”

所谓“兴”，孔安国注为“引譬连类”，即通过某一个别的、形象的比喻，使人们通过联想的作用领会到同这一比喻相关的某种带有普遍性的关于社会人生的道理，可以说是我们今天所谓的“形象思维”的发端；朱熹补充道：“兴”具有“感发志意”的作用，即强调艺术的形象能陶冶和发展人性、能唤起个性向善的自觉。

所谓“观”，郑玄注为“观风俗之盛衰”，朱熹补充说可以“考见得失”。也就是说，《诗》能够帮助我们认识当时社会风俗的盛衰情况以及当时人们道德情感的实际状态。

所谓“群”，孔安国注曰“群居相切磋”，朱熹注曰“和而不流”，言学《诗》可以帮助人们互相切磋砥砺，懂得作为一个人应如何去处理对待各种社会伦理关系，达到人与我的协调。

所谓“怨”，孔安国注曰“怨刺上政”，这是说《诗》具有批判作用，可以用来批评时事政治、社会生活以及表达民情。

“兴观群怨”是孔子对《诗》之作用的分析，也可以说是包含着对一切艺术作用的分析。这一观点还体现出孔子美学思想的特征，即注重通过情感去感染、陶冶个体，使强制的社会伦理规范成为个体自觉的心理欲求，从而达到个体与社会的和谐统一。

二、《诗经》的题材

《诗经》是一轴巨幅的画卷，深刻地反映出殷周时期尤其是西周初至春秋中叶的社会生活，包括政治、经济、军事、文化以及世态人情、民风习俗等各个方面，具有较高的社会认识价值。下面略举几类题材的诗歌加以说明。

（一）祭祀和宴飨题材

“国之大事，在祀与戎”（《左传·成公十三年》），上古时期的这种观念促使祭祀活动十分盛行，相对应地也产生了不少赞颂神灵、祖先以及祈福禳灾的祭祀乐歌。《诗经》的大雅和“三颂”中就保留了许多祭祀诗，且皆为歌功颂德之作。

比如大雅中的《生民》篇写的是后稷诞生的神奇传说和他在农业上作出的贡献；《公刘》篇写的是公刘率领周部族迁徙到豳地并开始定居生活的历史功绩；《绵》篇写的是古公亶父率周部族再度迁徙并创业立国的伟业，诗中还叙及文王的事迹；《皇矣》篇则先写太王、王季的德业，然后写文王征伐得胜的经过；《大明》篇从王季娶太任生文王，写到文王娶太姒生武王，再到武王的牧野大战。这五篇诗歌完整叙述了周部落从产生到逐步强大直至最后建立统一王朝的历史过程，并且歌颂了周人特别是先公先王的丰功伟绩，因此被视为周族的史诗。

以君臣、亲朋欢聚宴飨为主要内容的燕飨诗是《诗经》中体现周代礼乐文化的另一重要题材，反映出上层贵族社会的和谐与欢乐。小雅的第一篇《鹿鸣》就是周天子宴飨群臣嘉宾之诗：这首诗以一群呦呦鸣叫着在原野上吃着野草的鹿儿起兴，引出君臣饮宴、琴瑟相合的场景，自始至终都洋溢着欢快祥和的气氛。

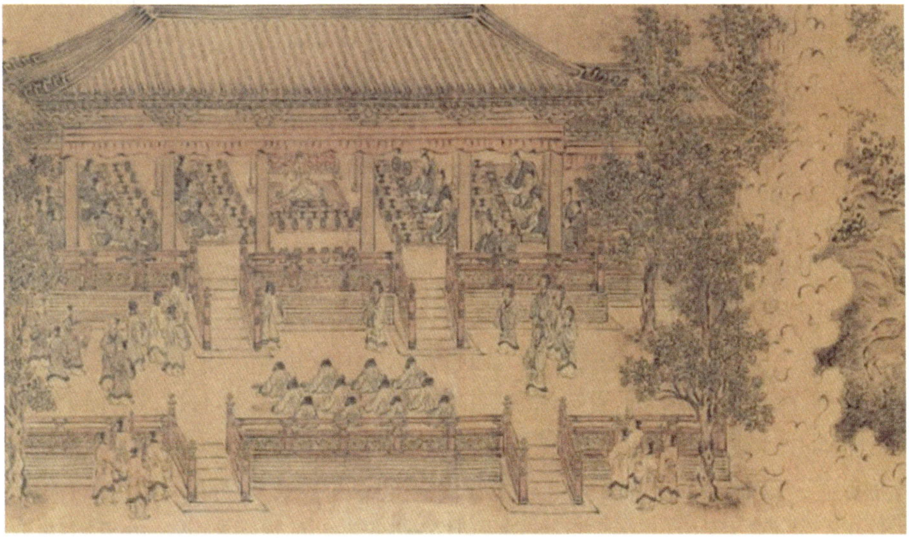

南宋 马和之《鹿鸣之什图》（局部）

这样的宴飨活动不单单是为了享乐，还有维系宗法关系以加强统治的政治目的。因此，宴飨题材的诗歌也不是单纯地记述宴飨活动本身，而在于表现出浓厚的宗法观念和亲族间的脉脉温情。

（二）战争和徭役题材

《诗经》中的战争诗可分为两类：一类表达的是对正义战争的歌颂，另一类则表达出人们对残酷战争的厌倦和对和平生活的向往。前一类诗歌如《大雅》中的《江汉》《常武》,《小雅》中的《出车》《六月》《采芑》等，都是从正面描写了天子和诸侯的武功，表现出强烈的自豪感和乐观向上的斗争精神。国风中也有这样的篇章，如秦风《小戎》《无衣》等，反映出秦地男儿从军参战、共御外侮的尚武精神。这类诗歌有一个共同的特点，即并不着力于表现具体的战斗场面，而是集中体现军事声威，强调不战而屈人之兵的道德感化力量。后一类诗歌则充满着忧伤的情绪。比如《采薇》这首诗，既有对侵略者的痛恨和对战争获胜的欣慰，又有对战争本身的无奈，以及对自身遭遇的哀叹。

令百姓们厌倦的不只是战争，还有繁重的徭役。《唐风·鸨羽》一诗即以“肃肃鸨羽，集于苞栩”起兴，寓意为服徭役的百姓就像鸨鸟聚集于大树上一样被召集到工地上，进而说“王事靡盬，不能蓺稷黍，父母何怙”，因为徭役无止无息，百姓们连耕作庄稼的时间都给耽搁了，又如何能奉养父母亲呢？诗中流露出服役者强烈的愤慨。

（三）农事和怨刺题材

农业自古以来就是王朝维续之根本。周代时，谷物种植业已发展成为社会经济中最重要的生产行业。《诗经》中就有十多篇专门描述农业生产的诗篇，充分反映了当时农业的状况，其中最有名的是《豳风·七月》。这首长诗完整地叙述了农民一年四季每个月需从事的农务和女工以及采集、狩猎等事项，保存了当时的农业知识和生产经验。诗中还展现了社会底层的劳动人民生产和生活的不易：他们从年头忙碌到年尾不得停歇，然而最后收获的粮食、捕捉的猎物都不能归自己所有，而要敬献给主人，供那些王孙公子们尽情享用。社会的不公以及等级的差异，于诗中可见一斑。其他诸如《周颂·臣工》《大雅·生民》《大雅·绵》《小雅·甫田》等也都反映了当时农业生产的情形。

与辛勤劳作的底层人民形成鲜明对比的是那些贪图享乐的统治阶级，他们不劳而获，在百姓看来就是一只硕大的老鼠。百姓们在诗中发出了抗议之声：“硕鼠硕鼠，无食我黍！三岁贯女，莫我肯顾。逝将去女，适彼乐土。乐土乐土，爰得我所。”(《魏风·硕鼠》）因为不堪忍受统治阶级的剥削和压榨，百姓们只好选择迁移，去寻找心中的那片“乐土”。《孟子·离娄上》云“得天下有道，得其民，斯得天下矣；得其民有道，得其心，斯得民矣”，民心向背是一个国家能否稳定长久的关键之所在，因此，这首诗既可以说是普通民众对统治阶级的讽刺和抱怨，也可以说是采诗编《诗》者作为上层社会的一分子为维护统治而对本阶级的一种警醒和告诫。

（四）爱情和婚姻题材

反映婚姻和爱情生活的诗歌主要集中在“十五国风”之中，且数量众多、内容丰富。此类题材的盛行大抵与先秦时期社会对于男女交往的限制相对后世较少密切相关。

翻看《诗经》一书，首先出场的便是一位窈窕的妙龄女子，《关雎》篇诉说的正是年轻小伙对这位姑娘刻骨铭心的相思：“关关雎鸠，在河之洲。窈窕淑女，君子好逑。参差荇菜，左右流之。窈窕淑女，寤寐求之。求之不得，寤寐思服。悠哉悠哉，辗转反侧。参差荇菜，左右采之。窈窕淑女，琴瑟友之。参差荇菜，左右芼之。窈窕淑女，钟鼓乐之。”

诗歌以关关和鸣的雎鸠鸟起兴，进而引出真正的主人公即君子和淑女。那么，两者之间有什么内在的关联呢？朱熹《诗集传》中说这种鸟“生有定耦而不相乱，耦常并游而不相狎”，即通常有自己固定的配偶、很专情，故而它们成了忠贞爱情的象征，后人常以雎鸠鸟的雌雄和鸣来比喻夫妻或恋人之间的和谐相处。

《诗经》中对婚姻的描写也有幸福与不幸两种，前一种如《周南·桃夭》，后一种如《卫风·氓》和《邶风·谷风》。《桃夭》描写的是新娘出嫁时的场景：柔嫩的桃枝、鲜艳盛开的桃花，让人联想起新娘的年轻美貌，“宜其室家”则是人们对她出嫁后能与家人和睦相处的美好祝愿。《氓》中的少妇是一位不幸的女子，虽然她也有过美好的爱情，但结婚后丈夫变心，最终将她抛弃。《谷风》中那位妇女则更为可怜，她与丈夫共患难，通过辛勤劳作逐渐富裕起来，但丈夫却不能与她同享乐而另娶佳人，将她赶走。

相比较而言，这些以爱情和婚姻为题材的作品，可以说是《诗经》中艺术性最高、最能打动人心的篇章。

任务二　辞赋宏篇

微课堂

《楚辞》是我国最早的浪漫主义诗歌总集及浪漫主义文学源头。“楚辞”之名最早见于《史记·酷吏列传》，可见在汉代前期已有这一名称。其本义泛指楚地的歌谣，之后才成为专称，专指以战国后期楚国屈原的创作为代表的新诗体。《楚辞》句法参差错落、灵活变化、辞藻华美、对偶工巧，以大量“兮”字作衬字。

一、《离骚》

屈原的《离骚》为楚辞的代表，故这种诗体也称“骚体”。它在形式上突破了《诗经》的四言体，以其自由舒展的语句丰富了中国诗歌的表现力。屈原作为《楚辞》的主要作者，经历了楚国由强盛到衰败的演变，自身也经受了残酷的打击。他将祖国的破落、人民的痛苦和自身的遭遇熔于一炉，写出了诸如《离骚》这样辉煌的诗篇。

《离骚》可分为前后两部分，前半部分记录了屈原对以往生活经历的回顾；后半部分主要描写了屈原对未来道路和真理的探索与追求。全诗表现了诗人对祖国忠贞不渝的热爱和对理想的不倦追求，两者融会成一种震撼千古的精神力量，同时，其瑰丽奇特的浪漫主义色彩也大大影响了中国诗歌的创作手法。屈原在诗中直抒胸臆、驰骋高远、观乎四极、求乎上下，使《离骚》成为我国最早的一首长篇抒情诗，屈原也由此成为中国历史上第一个抒发个人激情的伟大诗人。《离骚》对中国文学的发展产生了重要影响，后世文人无不对屈原推崇备至。究其原因，大概可以归功于屈原那砥砺不懈、特立独行的节操，以及在逆境之中敢于坚持真理、反抗黑暗统治的精神。屈原的遭遇是中国封建时代很多正直的文人士子经历过的，因此，屈原的精神能够得到广泛的认同。

《楚辞》运用楚地（今湖南、湖北、安徽西部一带）的方言声韵，叙写楚地的山川人物、历史风情，具有浓厚的地域文化色彩，如宋人黄伯思所说："皆书楚语，作楚声，纪楚地，名楚物。"（《东观余论》）全书以屈原的作品为主，其余各篇也都承袭屈赋的形式，感情奔放，想象奇特。与《诗经》古朴的四言体诗相比，楚辞的句式较活泼，句中有时使用楚国方言，在节奏和韵律上独具特色，更适合表现丰富复杂的思想感情。《楚辞》对后世文学影响深远，不仅开启了后来的赋体，而且影响了历代散文创作，是我国积极浪漫主义诗歌创作的源头。

二、《九歌》

与《离骚》不同，《九歌》并非完全由屈原原创，而是他在被放逐至沅湘之地时根据当地民间祭祀神灵的乐歌改作或加工而成。王逸《楚辞章句·九歌序》有云："屈原放逐，窜伏其域，怀忧苦毒，愁思沸郁，出见俗人祭祀之礼，歌舞之乐，其词鄙陋。因为作《九歌》之曲，上陈事神之敬，下见己之冤结，讬之以风谏。"

《九歌》名曰"九"，实则有十一篇，分别为《东皇太一》《云中君》《湘君》《湘夫人》《大司命》《少司命》《东君》《河伯》《山鬼》《国殇》《礼魂》。因此，学界关于其定名之含义素来不乏争论，有"九"为实数之说，为约数之说，为"纠""鬼""龙"之说，为古乐曲、古乐舞名之说等。在实数一说里，学者又因采用或合并，或取或舍等不同方法，而导致说法纷纭、莫衷一是。

从今存十一篇的体例来看，除末篇《礼魂》为祭祀之后的送神曲外，其余所祭神灵大致可分为三类：其一是"天神"，如最尊贵之天帝"东皇太一"、云神"云中君"、寿夭之神"大司命"、子嗣之神"少司命"、太阳神"东君"；其二是"地祇"，如湘水之神"湘君"和"湘夫人"、河神"河伯"及山神"山鬼"；其三是"人鬼"，即阵亡将士之魂灵"国殇"。

与《诗经》中的祭歌所呈现出的庄严肃穆的感情色彩不同，楚辞《九歌》更具有活泼欢快、情思缱绻的人情之美。这是因为楚地的神灵均与民众的生活密切相关，既崇高又亲近。那时的楚人对神灵十分敬仰，通过祭祀活动达到与神灵的沟通。祭祀就是敬神和娱神的过程。他们载歌载舞、倾心动情，只为让神灵获得欢愉，与此同时，人也得到了欢乐。这正是楚地信仰中人神和谐共处的特征。

娱神的方式很多，比如向神灵敬献美酒佳肴，或是奏乐欢歌以颂其神明等，而最为直接有效的则是爱的表述。《九歌》中的多数篇章都描绘了神与神相恋或者神与人相恋的场景。比如《湘君》和《湘夫人》，后人通常将此二篇合而观之，理解为配偶神之间的情恋故事（也有理解为分祭娥皇和女英的姊妹篇之说，此不展开）。

既然是以爱恋“娱神”，却为何终于“爱而不得”呢？这与祭祀歌曲的特殊属性不无关联。上古祭祷山川神灵多采取“望祭”和“追踪祭祀”的方式，即神不可见，无以出场，只能假设在某方某地，然后“望而祭之”“追而祭之”。巫师作为祭祀的主导人物，通过扮演某种角色来对祭祀过程加以串联。《湘君》和《湘夫人》正脱胎于当时水神祭祀的仪式，其篇章布局恰好对应了古老仪式中“降神”“迎神”“留神”“送神”的四大环节。这种结构在《九歌》的其他诗篇里也频频可见。

对于崇高而神秘的自然天地，屈原并非只有敬畏和膜拜，也有着穷根究底的探索精神。他在《天问》中一连向苍天提出了一百七十二个问题，上至天文地理，下至文史哲学，所涉及之人事则多有政治现实之意义。后世模拟《天问》之作颇多，如晋代傅玄的《拟天问》、梁代江淹的《遂古篇》、唐代杨炯的《浑天赋》和柳宗元的《天对》、王廷相的《答天问》、清代李雯的《天问》等，足可见其影响之深远。

经典赏析

梅岭三章

（现代）陈毅

其一

断头今日意如何？创业艰难百战多。
此去泉台招旧部，旌旗十万斩阎罗。

其二

南国烽烟正十年，此头须向国门悬。
后死诸君多努力，捷报飞来当纸钱。

其三

投身革命即为家，血雨腥风应有涯。
取义成仁今日事，人间遍种自由花。

扫一扫

梅岭三章
【注释 译文】

三、汉赋

在今人看来，以《离骚》为代表的“楚辞”似乎已经具备“文”的某些特征，然而究其本质，它仍是以强烈抒情为表征的“诗”。“汉赋”则不同，其在功能上和表现手法上均完成了转变，演化成以“铺采摛文”和“体物写志”（刘勰《文心雕龙·诠赋》）为主要特色的“文”。诚然，“赋”这种文体在一定程度上仍保留着诗歌抒情和押韵的特点，是一种较为特殊的“文”。

就文学传承而言，汉赋之形成不单与楚辞相关，也有对《诗经》中赋颂传统的继承与发扬，并且广泛吸收了先秦诸子散文的诸多特点，尤其是纵横家铺张恣肆的文风。汉赋又可细分为“骚体赋”“大赋”“抒情小赋”，它们依次登场并相继成为主流，既是汉赋文体的典型代表，也是汉赋发展趋势的直观呈现。

（一）“骚体赋”的代表贾谊

汉代初期，最先主导文坛的是“骚体赋”。之所以有此名称，是因为其不仅在形式上保留了如“兮”字等语句的楚辞特征，而且在内容上亦侧重抒发怀才不遇的哀怨之情，近于《离骚》之情调。“骚体赋”创作以西汉初年的贾谊最具代表性。

贾谊（前200—前168年），洛阳（今属河南）人。由于贾谊敬慕屈原，与屈原有着近似的贬谪遭遇，并且行文上与屈原文风一脉相承，故而司马迁在《史记》中将其事迹与屈原合写为一篇《屈原贾生列传》。其中记载：贾谊少有才名，年方二十即为博士，因在朝堂能言善对很快被汉文帝破格提拔为太中大夫，参与管理国家重要事务，后来甚至还被天子议为公卿之人选。他尖锐直言的性格和平步青云的仕途招来了诸多元老的不满，在小人的诋毁下，贾谊渐为君王疏远，后被贬谪为长沙王太傅。

在此期间贾谊写下了《吊屈原赋》。如其序中所言，其赋文主要表达了对屈原人生遭际的深切悼惜，对世人颠倒黑白以致贤人失意而小人得志的极大不满。不过，与屈原有所不同的是，贾谊并不赞同以身殉国的行为，他认为即便是在昏暗恶劣的环境中仍应该坚强地生活，体现出比屈原更为豁达的生死观。这与贾谊不仅具有儒家修身济世之思想而且兼具汉初道家旷达精神有关。

（二）汉代大赋

汉代大赋的开创之人当属枚乘。据《汉书·枚乘传》记载：枚乘，字叔，淮阴（今属江苏）人，先为吴王刘濞之郎中，后从梁孝王游，并成为其文学集团中之翘楚。汉武帝即位后，慕名召枚乘入宫，然而因其年事已高，虽有“安车蒲轮”之厚待，仍不胜车马劳顿，终半道而死。

枚乘《七发》虽是其仅存之作，却影响深远，为汉代大赋奠基之篇。此文以虚构的笔法和问答体的形式展开，假设楚太子因纵欲享乐而有疾，吴客前往探问，并以七件事情来启发太子。这也是“七发”之名的由来。

《七发》辞藻繁富，多用比喻和迭字，以叙事写物为主，是一篇完整的新体赋，标志着汉赋体制的正式确立，在赋的发展史上居于重要地位。新体赋的根本特色，就是以铺张为能事，以适应统一帝国的需要。所以刘勰说：“赋者，铺也，铺采摛文，体物写志也”（《文心雕龙·诠赋》）。《七发》奠定了新体赋的形式，促进了汉代辞赋的发展。它引起后代许多作者的模仿，在赋中形成一种定型的主客问答形式的文体，例如傅毅的《七激》、张衡的《七辩》、曹植的《七启》等，自此以后以七段成篇的赋成为一种专门文体，号称“七体”，各朝作家时有模拟。

（三）司马相如《天子游猎赋》

汉武帝统治时期国力强盛，加之刘彻本人酷爱文赋，大批作家聚于宫廷，文赋创作一度鼎沸，配合时代激发出了盛世之强音。司马相如即是最高成就之代表。

据司马迁《史记》记载，“司马相如者，蜀郡成都人也，字长卿”，汉景帝时任武骑常侍，后投奔梁孝王，梁孝王死后，司马相如回到家乡蜀地。武帝偶然读到他的《子虚赋》，大为惊叹，遂召入朝廷。相如自称《子虚赋》“乃诸侯之事，未足观也。请为天子游猎赋，赋成奏之”。

《天子游猎赋》当为《子虚赋》和《上林赋》之合称。与《七发》相承，司马相如亦采用了虚构问答体的笔法，并在人物命名上刻意为之，以“子虚”“乌有先生”“亡是公”来凸显其虚拟之性质。赋中讲述楚国使者子虚出使齐国，应齐王邀请一同出猎，心知齐王有意夸耀齐国实力；当齐王问及楚王田猎之况时，子虚抓住机会，极力铺陈云梦泽之浩瀚气象，遍数奇石名草、珍禽异兽，以彰显楚国之广大丰饶；进而还极言楚王出猎时的豪华阵营、楚王“弓不虚发，中必决眦，洞胸达腋，绝乎心系，获若雨兽，揜草蔽地”的高超箭艺，以及美食养生之道，致使齐王一时无以应答。

与《七发》层层推进的战国纵横家式行文结构不同，《天子游猎赋》采用的是各自陈述、在比较中逐个压倒的模式。比如在子虚讲述完后，乌有先生表示不服，并极力反驳以期压倒楚国；而最后出场的亡是公则代表天子将上林苑的壮丽和帝王游猎时的盛况铺衍一番，表明天子皇权不容与诸侯相提并论。这一结构是高度契合汉代大一统的时代特点的。

从楚辞的兴起到汉赋的繁盛，这一过程不仅对后世文学创作影响深远，对于中国文学观念之形成也起到了积极的促进作用。在汉代以前，人们对于“文学”并没有太多的认知，然而随着个体诗人的日趋增多、文学群体的日趋活跃以及优秀辞赋作品的大量涌现，“文学”的概念开始在时人心中萌生。比如在《史记》中，司马迁已开始有意识地将文学从儒学和一般学术中区分出来。他以“文辞”和“文章”表示今义之“文学”，而以“文学”表示今义之学术思想，虽然不甚清晰，却是极为重要之转变，为魏晋之时开启“文学的自觉时代”（鲁迅《魏晋风度及文章与药及酒之关系》）点亮了光芒。

任务三　唐音宋韵

微课堂

唐代与宋代是华夏文明两个登峰造极的朝代，前者政治军事力量强大、经济发达、思想文化开放，开创了“大唐盛世”的繁荣景象；后者承前而来，在文学、艺术、科技、思想等方面都取得了辉煌的成就，用陈寅恪先生的话说就是“华夏民族之文化……造极于赵宋之世”。唐之诗、宋之词，既是两个朝代成就最高的“一代之文学”，更是两个朝代各自社会历史的缩影。唐宋两代涌现的杰出文人、优秀作品的数量之多，为中国文学史上所仅见；唐宋诗词里蕴积的思想情感的深度和厚度，也让千载之后的读者含英咀华、回味无穷。这既是唐宋诗词的魅力，亦是唐宋两代文明的魅力。

一、山水奇情

唐代的山水田园诗，不论诗人有着怎样不同的风格，亲切传神地表现自然之美却是相同的；而唐代的边塞诗，则为唐诗带来了慷慨雄大的情调与壮美的境界，具有独特的艺术性。

唐代山水田园诗以描写自然风光、农村景物以及安逸恬淡的隐居生活见长，诗境隽永优美，风格恬静淡雅，语言清丽洗练。唐代的山水田园诗上接魏晋南北朝，在谢灵运、陶渊明开创的抒写自然之美、田园之乐的道路上继续向纵深开掘。初唐王绩一扫宫廷诗歌的浮艳雕琢，以宁静淡泊的诗风开了王、孟之先河。张若虚、刘希夷则将诗情与画意紧密结合，在诗歌意境的创造上达到了新的高度，尤其是张若虚的《春江花月夜》里空明纯美、情景交融的诗意境界，给了后来的诗人很大的启发。经过了初唐的艺术准备之后，诗坛迎来了盛唐以王维、孟浩然为代表的山水田园诗的鼎盛时期。

清 金学坚《辋川图》

王维（701—761 年），字摩诘，号摩诘居士，河东蒲州（今山西运城）人，十五岁起游学长安，开元九年（721 年）中进士，出任太乐丞，因伶人舞黄狮子受累，被贬为济州司仓参军，从此开始了亦官亦隐的生活，在终南山筑辋川别业。“安史之乱”中，王维被迫接任伪职，故长安收复后他因此被责，后幸得免。其在唐肃宗乾元年间任尚书右丞，故世称“王右丞”。不过王维晚年已无意于仕途，属意参禅，上元二年（761 年）卒于辋川别业。

纵观王维的一生，早年曾积极入仕，对功名充满热情和向往，因此这一时期他的诗歌亦是声调高朗、气魄宏大的。比如他的《少年行四首》，为我们描绘了一个意气风发、满腔热血的少年游侠形象：他武艺超群，勇于杀敌，最后立下了赫赫战功。王维通过对这个英雄少年的刻画，抒写了自己向往建功立业的英雄主义理想。

后来王维又曾调任监察御史，奉命出塞，担任凉州河西节度使幕府判官。在塞外，他写过《从军行》《观猎》《出塞作》《送元二使安西》等边塞诗，洋溢着壮大明朗的情思和气势。

青年时期的王维在儒家“兼济天下”思想的影响下，充满壮志豪情，渴望建功立业。但随着仕途的不如意，他的思想情感逐渐向佛教靠拢，诗歌内容也从边塞转向了田园，树立了自己空明宁静的诗风，并最终奠定了他在唐诗史上的大师地位。

唐 王维《江干雪霁图卷》（局部）

《山居秋暝》是王维山水田园诗的代表作：“空山新雨后，天气晚来秋。明月松间照，清泉石上流。竹喧归浣女，莲动下渔舟。随意春芳歇，王孙自可留。”在王维笔下，大自然清新宁静而又生机盎然，人受到大自然的感召，抛开一切烦恼，精神升华到空明无碍的境界，让自然之美与心境之美实现和谐统一。因此他笔下的诗歌也便有了空灵静谧、不可凑泊的纯粹之美。

佛教思想对王维的影响可谓深远，而王维的诗歌也超出一般平淡自然的美学，进入一种宗教的境界：物我两忘、随缘任运。王维的山水田园诗实现了禅与诗的融通，他也因此被后世称作“诗佛”。王维多才多艺，尤其精通音乐和绘画。他把绘画的精髓带到山水诗的写作中，让其诗形神兼备又富含诗情画意，所以苏轼曾赞他：“味摩诘之诗，诗中有画；观摩诘之画，画中有诗。”

与王维齐名的同时代山水田园诗人还有孟浩然。孟浩然（689—740 年），襄州襄阳（今湖北襄阳）人。因他未曾入仕，世人又称之为“孟山人”。孟浩然四十岁以前隐居于鹿门山，曾南游江、湘，北去幽州，寓寄洛阳，往游越中。他在不惑之年游长安，曾在太学赋诗，名动公卿，与王维等士子结交。后因应举不第，他选择南下吴越寄情山水。开元二十五年（737 年）他被张九龄招致幕府，三年后不达而卒。《宿建德江》是孟浩然的代表作之一，诗曰：“移舟泊烟渚，日暮客愁新。野旷天低树，江清月近人。”

孟浩然与王维的不同在于：王维喜欢刻画自然的“无人”之境，而孟浩然则喜欢从自己出发、情景交融。在《宿建德江》中，江边的小洲、天边的矮树、江上的烟雾、天上的明月，皆贯穿于自己的羁旅行愁中，于是，景物之“实”、情感之“虚”，一现一隐，两相融汇，构成一个特殊的意境。孟浩然的诗常是如此，从景致高远处落笔，从自身寂寞处低徊，随意点染的景物与清淡的情思相融，形成平淡清远而意兴无穷的明秀诗境。

以王维、孟浩然为中心，当时还有裴迪、储光羲、常建等诗人环聚，后世亦有韦应物、柳宗元、刘禹锡等大家继起，山水田园诗一脉在唐代始终薪火相继、名家辈出，涌现了很多优秀的作品。山水田园诗以山水田园为审美对象，把细腻的笔触投向静谧的山林、悠闲的田野，创造出一种田园牧歌式的生活场景，在抒写自然之美方面达到了极致。

二、边塞壮志

受儒家入仕建功思想的影响，唐人多有积极从军、投身幕府之举，因此，边塞主题也便成了唐代绘画和诗歌中除山水田园之外的另一类常见题材。

北宋 李公麟《免胄图》(局部)

边塞诗以边疆地区战争、军民生活和自然风光为抒写对象，思想深刻，想象丰富；由于边塞有不同于内地的奇异风景和民俗习惯，因此边塞诗往往具有异彩纷呈、雄奇壮美的艺术感染力。唐代边塞诗的代表人物有高适、岑参。

高适（700—765 年），字达夫，渤海蓨县（今河北景县）人，早年生活困顿，三十岁时曾北上蓟门，漫游燕赵，希望能从军边塞，但无功而返。五十二岁时，高适迎来人生的转机，入河西节度使哥舒翰幕府，任掌书记，后飞黄腾达，做过淮南节度使和蜀、彭二州刺史，代宗即位后，又历任刑部侍郎、左散骑常侍，封渤海县侯，是盛唐唯一官至封侯的诗人。《旧唐书 · 列传第六十一》载：“有唐以来，诗人之达者，唯适而已。”

高适的诗歌多作于“安史之乱”前，虽然其时他穷困落拓，但作品颇有奇气，笔力雄健，气势奔放；虽然难免有怀才不遇的悲慨，但总体而言，显示出高适不甘寂寞、急于用世的雄心。这种雄心促使他不畏艰险两次北上蓟门，而这种建功立业、兼济天下的理想和热情正是盛唐人所特有的蓬勃向上的精神。

岑参与高适齐名，同时也有边塞入幕的经历。岑参（约 715—770 年），南阳棘阳（今河南新野县）。岑参幼年丧父，家道中落，坚持苦学，于天宝三年（744 年）进士及第，初为右内率府兵曹参军。天宝八年（749 年），弃官从戎，两次深入边塞，先任安西节度使高仙芝幕府掌书记，后任北庭都护府封常清幕府判官；唐代宗时，出为嘉州（今四川乐山）刺史，故世又称“岑嘉州”。

岑参两次出塞深入漠北，和高适一样，有着强烈的用世之心。虽然通过科举考试，他已经获得了功名，但他并不满足于做一个普通小官。他在诗中说：“丈夫三十未富贵，安能终日守笔砚？”（《银山碛西馆》）而在当时，封侯拜相的一条捷径就是边功封赏，所以岑参毅然慷慨从军。因为始终抱着大展宏图的念头，所以即使边塞生活艰苦，他也依然能乐观开朗地去面对。因此岑参的诗没有高适诗中时常流露出的怀才不遇的悲愤，而是更加昂扬向上，总能用新奇的视角去发现边塞奇异的风光并将它们刻画得奇伟壮丽，也更能衬托将士的英雄气概。

除了高适、岑参，唐代还有如王昌龄、李颀、崔颢、王之涣等著名的边塞诗人。总之，边塞诗是边塞生活的艺术反映，其思想内容极其丰富：可以抒发建功立业、报效国家的渴望与豪情，可以状写戍边将士的乡愁、家中思妇的别情，可以表现戍边生活的单调苦闷、连年征战的残酷艰辛，可以宣泄对朝廷穷兵黩武的不满、对将帅贪功冒进的怨念，还可以描摹边地奇异的风光、不一样的民风民俗。总之，每个诗人的经历不同、前往边塞的原因不同，所抒发的感情也不同。因此边塞诗的内容之丰富、思想之深刻、艺术表现之异彩纷呈，使其成为唐诗中一颗璀璨夺目的明珠。

三、李杜光焰

李白与杜甫无疑是站在盛世之巅的诗人，他们代表了唐诗的最高成就。李白是盛唐文化孕育出的天才诗人，他的魅力就是盛唐的魅力，他的自信与自负、浪漫与狂傲、激情与浮躁都展现了盛唐的时代性格和精神风貌。他豪放洒脱的气度、天马行空的想象力、自由创造的浪漫情怀，让他的诗歌达到了后人难以企及的高度。而杜甫则代表了另一种盛唐，他生活在唐代由盛转衰的历史转折点，他是时代的镜子，从而照映出“安史之乱”前后的社会变化，他的根在盛唐又力开中唐，从此之后，盛唐诗那种热闹浓烈的理想主义光辉慢慢消退，开始逐渐在现实主义大旗的指引下直面淋漓的鲜血和惨淡的人生，中年的思虑送走了少年的情怀，唐诗开始呈现出一种全新的面貌，而这一切的转变是从杜甫开始的。李白和杜甫是两种不同类型的诗人，他们双星辉映，照亮了唐诗的天空。

李白（701—762 年），字太白，号青莲居士，祖籍陇西成纪（今甘肃秦安）。他的家世和出生地至今还是个谜，只知道大约在他五岁时随家迁居绵州昌隆县（今四川江油）。李白自称“五岁诵六甲，十岁观百家”（《上安州裴长史书》），“十五观奇书，作赋凌相如”（《赠张相镐二首》），可见他在少时接受过良好的教育。李白的青年时

清　苏六朋《太白醉酒图》

期是在隐居与漫游、习剑并任侠、信仰神仙道教与纵横家学说中度过的。

李白继承了汉乐府“感于哀乐、缘事而发”的优良传统，大力创作乐府古题和歌行体诗。李白的诗往往情感充沛、气势磅礴，如他的《将进酒》：“君不见黄河之水天上来，奔流到海不复回。君不见高堂明镜悲白发，朝如青丝暮成雪。人生得意须尽欢，莫使金樽空对月。天生我材必有用，千金散尽还复来。烹羊宰牛且为乐，会须一饮三百杯。岑夫子，丹丘生，将进酒，杯莫停。与君歌一曲，请君为我倾耳听。钟鼓馔玉不足贵，但愿长醉不愿醒。古来圣贤皆寂寞，惟有饮者留其名。陈王昔时宴平乐，斗酒十千恣欢谑。主人何为言少钱，径须沽取对君酌。五花马，千金裘，呼儿将出换美酒，与尔同销万古愁。”这首诗时而奔放时而深沉，豪壮的酒话背后是波涛汹涌的情感。全诗大起大落，诗情由悲入乐再转狂，气势如大江奔流不可羁勒，充分展示了李白的傲岸和狂放的才子情怀。篇中名句“天生我材必有用，千金散尽还复来”，更是豪情万丈、千古流传。李白把自己的个性气质融入诗歌创作之中，形成了行云流水的抒情方式，既展示了他昂扬的生命激情，又带来了奔腾恣肆的气势，让人读之气畅意酣、快意淋漓。

杜甫（712—770 年），字子美，自号少陵野老，是晋朝名将杜预之后，祖父杜审言是初唐著名诗人。杜甫从小受家庭的熏陶，忠君爱国、仁民爱物的儒家思想对他影响很大。杜甫年轻时曾先后游历吴越和齐赵，几次应试却都落第。他官场不得志，亲眼看见了唐朝上层社会的奢靡与社会危机。“安史之乱”后，杜甫先后辗转多地，亲历了战争给百姓带来的伤痛。乾元二年（759 年）杜甫弃官入川，开始了旅居西南的生活。晚年的杜甫穷困潦倒、疾病缠身，十分凄凉。大历五年（770 年）冬，杜甫死于长江上的孤舟里。

杜甫一生尚儒，关注劳动者和弱势人群，用诗歌记录了大唐由盛转衰的过程以及老百姓所承受的苦难。他也因此被后世称作“诗圣”，他的诗被称为“诗史”。如他在“安史之乱”中写下著名的“三吏”“三别”，就向我们真实地展现了战火中整个社会生活的广阔画面。

乾元二年（759 年）三月，唐朝六十万大军败于邺城，为了快速补充兵力，统治者实行了惨无人道的抓丁政策。杜甫亲眼看见了这些现象，怀着矛盾、痛苦的心情写成“三吏”“三别”六首诗作。其中《无家别》叙述了一个战败后还乡无家可归重又被征的军人，通过他的遭遇描写出战争带来的凋敝荒芜以及百姓的流离失所。全诗情感沉痛凄婉、感人至深。

李白喜欢写自由的古体诗，而杜甫更倾向于写结构严谨的律诗。杜甫非常注重诗歌的表现形式，对仗考究，用语准确精练，注意音韵平仄，极大地扩展了律诗的表现力。杜甫的律诗成就辉煌，对后世影响很大，标志着中国诗的格律走向了成熟。

杜甫是唐诗发展过程中一个里程碑式的人物，众体兼备又善于创造，为后世积累了丰富的艺术经验，成为后世写诗尤其是写律诗时的范本标杆。更为重要的是，他的思想情操、仁爱之心与家国情怀被历代士人视作人格范本。

杜甫是一个承前启后的诗人，中唐以后，白居易、元稹等人继承并发展了杜诗的现实主义传统，强调诗歌要关心社会民生，重视讽喻、教化功能，在文学理论和创作上掀起了一个现实主义诗歌的高潮；韩愈、孟郊、贾岛等人则受杜诗奇崛、炼字、散文化等倾向的启发转而追求生新瘦硬、清寒苦吟的诗歌风格；到了晚唐，杜牧的声情高华、李商隐的七律章法，“小李杜”的诗也莫不带着杜甫诗的影子；宋以后，杜甫在诗史上的地位更是不断被推高，到了无人匹敌的地步。他在诗史上的影响，虽历千年而不衰。

四、柔词婉转

词是一种诗的别体，是隋唐时兴起的一种新的文学样式。词最初是为了配合宴乐乐曲而填写的歌词，最早的演唱场所多为秦楼楚馆、酒店瓦肆。虽然经李后主“变伶工之词而为士大夫之词”（王国维《人间词话》）的改造，词已经摆脱了宴乐性质而逐渐成为文人士大夫抒情达意的一种载体，但就词的源流来看，词比之诗担负了更多的吟风弄月、儿女情长的职能，这是无法回避的事实。

宋人将诗与词的功能进行了严格的划分，所谓“诗言志，词言情”，文人往往选择用词来表达诗歌难以表达的、相较于家国大事而言不太正经的私情私念，因此多数词人都恪守“词为艳科”的规律，用词来抒发情感。因为有着精致的语言、委婉的意境、细腻的风格、优美的音律，所以婉约词天生就比豪放词更适合言情。尽管词人们的具体风格可能不尽相同，但以抒情为要务的婉约词始终被视作词之正宗，鲜有人打破这个传统。

在婉约词方面，柳永是一个典型的代表。柳永的婉约词情感轻柔，善于将离别之痛、思念之苦写得细致入微、缠绵低徊。比如他那首著名的《雨霖铃》：“寒蝉凄切，对长亭晚，骤雨初歇。都门帐饮无绪，留恋处，兰舟催发。执手相看泪眼，竟无语凝噎。念去去，千里烟波，暮霭沉沉楚天阔。多情自古伤离别，更那堪，冷落清秋节！今宵酒醒何处，杨柳岸，晓风残月。此去经年，应是良辰好景虚设。便纵有千种风情，更与何人说。”这首词上阕写依依惜别，写得缠绵悱恻、凄婉动人；下阕写离别后的痛苦愁思，写得黯然销魂、寂寞蚀骨。柳永将离愁别恨的感伤细腻真实地展现在读者面前，让人动容。

“衣带渐宽终不悔，为伊消得人憔悴”（宋·柳永《蝶恋花》），或许我们每个人都曾有“情不知所起，一往而深”（明·汤显祖《牡丹亭》）的经历，因此柳永的婉约词总能写进我们心里，他的词也因此流传甚广。

晏几道也是北宋一位以婉约词见长的词人，一部《小山词》把他的痴绝深情演绎得淋漓尽致。晏几道细腻、真挚、深婉、执着的情感表达，成为《小山词》最突出的特征。

秦观是北宋后期婉约词的一代宗师，他擅长通过意境的创造将情感和情思蕴含其中。不像柳永之俗，秦观笔下的意象总是精致幽美、柔婉秀丽的，如斜阳、残月、远村、烟渚、驿亭、孤馆等，再加上精美细腻的辞藻，总能营造出凄迷朦胧而又清新雅致的意境。

生活在南北宋之交的李清照是我国历史上著名的女词人，亦是婉约词在南宋的代表人物之一。李清照的词具有女性词人特有的细腻委婉的风格。她兰心蕙质，常有妙笔，描写细腻特别，善于捕捉生活中的细节和生活场景，并用白描手法铺叙出来。比如她那首著名的《如梦令》：“昨夜雨疏风骤，浓睡不消残酒。试问卷帘人，却道海棠依旧。知否，知否？应是绿肥红瘦。”“肥”和“瘦”本是俗字，用到这里却别样雅致且十分生动形象：绿叶因为雨水的滋润显得更加丰腴，而只剩下点点残红的海棠花则显得十分孱弱。

李清照早年生活优裕、工书能文、通晓音律，她与赵明诚的婚姻也美满和谐。但后来金兵入据中原，李清照举家南逃，在丈夫病故之后她各地漂泊，晚年境遇极其悲苦。所以李清照的创作以北宋、南宋之变而呈现出前后不同的特点：前期的词主要记录她的闺中生活和思想感情，多写自然风光和别思离愁；后期的词则风格迥异，变清丽明快为凄凉沉痛，抒发了伤时念旧、怀乡悼亡的情感，寄托了强烈的故国之思。

李清照后期的词将亡国之痛与个人的悲苦融为一体，这是时代的苦难与个人不幸的统一。因此她的哀婉凄美超出了自怨自艾的范畴，有了更广泛的时代意义，产生了很强的艺术感染力，使婉约词具有了新的格调。

五、豪词传世

与婉约词的百年传统不同，豪放词至苏轼始有。苏轼开拓了词的境界，从内容、风格、形式上都对婉约词做了改变，把诗歌抒写的内容引入词中，让词不再只是娱宾谴兴的工具，也可以抒发个人志向和见解。

豪放作为一种文学风格的概括，最早见于《二十四诗品》（传为司空图所作，今存疑）。豪放的作品应当气度超拔、不受羁束。豪放不是形式上的，语言的粗放、结构的粗疏不一定就是豪放。豪放更多的是一种风度上的豪迈超绝、神气上的慷慨壮阔。豪放的词是豪语、豪气、豪情、豪境的结合，只有这样，豪放才具有一种震撼人心的艺术力量。当然，豪放只是一个笼统的概说，细细品来，可以归为豪放的词也各有各的特点，正所谓“苏词旷而辛词豪”，但是不管这些具体的风格如何变化，豪放作为它们的整体气质赋予了词别样的力度和深度，让词以一种阳刚的姿态呈现在读者的眼前。

豪放词自苏轼发轫，他有意利用词不同于诗“长短句”的形式、明白直露的语言风格等特点，从各个方面尽量加以自由畅达地表现和发挥，将“诗言志”的内容乃至散文的句法都表现在词中，丰富了词的内容和形式技巧，将花间酒后的词引向金戈铁马的战场，让词脱离“艳科”而与诗文并驾齐驱，达到“无意不可入，无事不可言”的高度。

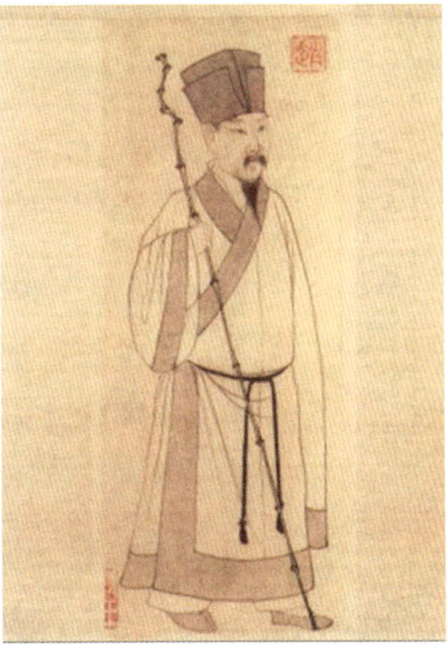

元 赵孟頫《苏轼画像》

苏轼豪放词名作《江城子·密州出猎》云：“老夫聊发少年狂，左牵黄，右擎苍，锦帽貂裘，千骑卷平冈。为报倾城随太守，亲射虎，看孙郎。酒酣胸胆尚开张。鬓微霜，又何妨！持节云中，何日遣冯唐？会挽雕弓如满月，西北望，射天狼。”

这是苏轼早期抒发爱国情怀的一首豪放词，在题材和意境方面都具有开拓意义。词的上阕叙事，记密州壮士随自己出猎的盛况；下阕抒情，抒发自己杀敌报国的豪情壮志。这首词在“偎红倚翠”“浅斟低唱”之风盛行的北宋词坛可谓别具一格、自成一体，对南宋爱国词也有直接的影响。这首词融叙事、言志、用典为一体，表达了作者宝刀未老、志在千里的英雄豪气，为词的创作开辟了崭新的道路。

辛弃疾是南宋豪放词的代表。他出生于金人占领的山东济南历城县，从小以英雄自诩，把恢复中原作为自己毕生的追求。虽然命运多舛、仕途浮沉，但他始终没有动摇收复河山的热望，把满腔激情和对国家命运的关切都寄托在了词作中。辛弃疾的词题材很广，继承了苏词的豪放风格，把花间酒后的词引向了风云变幻的时代社会。他在词中抒发了自己克复中原的热忱、壮志难酬的愁绪以及报国无门的悲愤，对当时执政者的屈辱求和也颇多谴责。

辛弃疾的《破阵子·为陈同甫赋壮词以寄之》写道：“醉里挑灯看剑，梦回吹角连营。八百里分麾下炙，五十弦翻塞外声，沙场秋点兵。马作的卢飞快，弓如霹雳弦惊。了却君王天下事，赢得生前身后名。可怜白发生！”这首词从梦回军营写起，连营分炙、沙场点兵、杀敌建功，一步步如大鹏展翅，扶摇直上，将自己的爱国之心、豪情壮志及忠君之思推向极致，但紧接着结句却陡然下跌，发出了“可怜白发生”的感叹。壮和悲、理想和现实，反差强烈，触目惊心。在这样的对比中，将自己壮志难酬的一腔悲愤表现得淋漓尽致，让人不禁为他洒下惋惜之泪。

经典赏析

满江红·写怀

（南宋）岳飞

怒发冲冠，凭栏处，潇潇雨歇。抬望眼，仰天长啸，壮怀激烈。三十功名尘与土，八千里路云和月。莫等闲，白了少年头，空悲切！

靖康耻，犹未雪。臣子恨，何时灭？驾长车，踏破贺兰山缺。壮志饥餐胡虏肉，笑谈渴饮匈奴血。待从头，收拾旧山河，朝天阙。

扫一扫

满江红·写怀
【注释 译文】

微课堂

任务四　明清小说

与其他文学样式相比，小说的容量大，可以详细地展现人物性格和人物命运，可以表现错综复杂的矛盾冲突，同时还可以描述人物所处的社会生活环境，展现整体的、广阔的社会图景。小说根据字数的多少可以分为微型小说、短篇小说、中篇小说、长篇小说。篇幅不同，小说的容量大小、人物多寡、情节繁简、线索数量等都不一样。另外，根据题材内容，中国的古代小说又可以分为讲史小说、神魔小说、世情小说、侠义公案小说等不同的类别。

一、《三国演义》

讲史小说，顾名思义，就是以记叙历史故事、描写历史人物为主要内容的小说，以前代的正史、野史、民间故事、各类传说为素材进行艺术加工而成。宋元的时候，勾栏瓦肆中多有人讲历史故事，其方式类似于今天的说评书，听者甚多，这种民间流行的口头文学被称作“平话”。明清的讲史小说多由宋元讲史平话演变而来，代表作品有《三国演义》与《水浒传》。其中，《三国演义》是我国第一部章回体长篇小说，对其后的小说创作具有“示范”的意义。

《三国演义》描写的是东汉末年到西晋初年之间近一百年的历史风云。全书反映了三国时代的政治军事斗争及各类社会矛盾的渗透与转化，概括了这一时代的历史巨变，塑造了一批叱咤风云的英雄人物。全书可大致分为黄巾起义、董卓之乱、群雄逐鹿、三国鼎立、三国归晋五大部分，在广阔的历史舞台上上演了一幕幕气势磅礴的乱世纷争。《三国演义》以陈寿的正史《三国志》为蓝本，却又不拘泥于史实，其“七分真实，三分虚构”的演义，正好迎合了读者的阅读趣味。需要特别指出的是，《三国演义》里虚构的传奇故事，并非成于一人一时，而是经历了漫长的发展过程。这一发展过程也是早期中国长篇小说独特的成书过程：世代累积型集体创作。

罗贯中，名本，字贯中，号湖海散人，浙江钱塘人（一说山西太原人）。他在陈寿《三国志》和裴松之注的基础上，广泛吸收民间传说和话本、戏曲故事，写成《三国志通俗演义》。据说其书最早可见的版本出现在明弘治甲寅年（1494 年），全书二十四卷，分二百四十回，起于汉灵帝中平元年“祭天地桃园结义”，终于晋武帝太康元年“王濬计取石头城”，前后共九十七年。题曰“晋平阳侯陈寿史传，后学罗本贯中编次”。

《三国演义》是中国历史上第一部鸿篇巨制的小说，书中出场人物达一千多人，是我国古代文学中描写人物最多的一部作品，并且主要人物的性格都鲜明突出，如诸葛亮的料事如神、关羽的忠肝义胆、曹操的狡诈阴险，都给读者留下了深刻的印象。

《三国演义》之所以在民间深受欢迎，还有一个重要的原因，就是它里面所蕴含的基本精神，如仁、义、礼、智、信、勇等，这些都是中国传统文化价值体系中的核心要素。小说中的刘备是“仁”的代表，关羽是“义”的代表，张飞是“勇”的代表，诸葛亮是“智”的代表，赵云是“忠”的代表，与之相对地，曹操就是“奸”的代表。作品自始至终贯穿着“拥刘反曹”的思想倾向，体现了人民群众拥护明君、向往和平和憎恶锄奸、反对篡乱的愿望。《三国演义》故事完整、人物形象鲜明，开创了长篇章回体小说这一全新的文学体裁，不仅使当时的读者“争相誊录，以便观览”（明·庸愚子《三国志通俗演义序》），而且也激发了文士和书商们继续编写和出版同类小说的热情。

二、《水浒传》

讲史小说的另一个优秀代表是《水浒传》，其成书过程与《三国演义》相似。历史上宋江起义发生在北宋末年，从零星的史料中我们可以大概得出：北宋末年，宋江在山东起势，短时间内便纵横齐、魏（山东及河南北部）一带，以梁山泊为根据地，克朝廷的淮阳军，进犯京东、河北，入楚、海州界，后来在海州被张叔夜所败，被朝廷招安，参加了镇压方腊的战役，结局不详。南宋以后，水浒英雄开始广泛被人们关注，宋江的故事通过百姓的口头传说流传开来，这些口头的传说已经不再局限于历史上真实的起义事件了，而有了更多的发挥和杜撰，虽说失实，但后来的水浒故事和水浒文学却是从这里开始的。

《水浒传》这部小说用鸿篇巨制的形式展现了梁山泊起义的壮阔图景，对主要水浒英雄也有精细全面的塑造和刻画，有着很高的思想性和艺术性，一时间广为流传，正如胡应麟在《少室山房笔丛》卷四十一中所形容的：“今世传街谈巷语有所谓演义者，盖尤在传奇杂剧下。然元人武林施某所编《水浒传》特为盛行。”《水浒传》让梁山泊起义以及宋江等英雄豪杰的故事变得家喻户晓。

关于《水浒传》的编定者学界至今仍无定论，一说为罗贯中，一说为施耐庵，一说为施作罗编，一说为施作罗续。《水浒传》的版本情况也比较复杂，有一百回、一百一十五回、一百二十回，还有金圣叹“腰斩”后的版本，不一而足。除了“腰斩”本以外，其他的版本繁简有别，内容、结尾也不尽相同，当是早期版本在后世流传中被不断增改的结果。

《水浒传》的主要内容其实就是讲述各个英雄好汉被“逼”上梁山，最终发展为大规模起义军的过程。其表现了“官逼民反”这一社会矛盾，深刻反映出北宋末年的政治生态和社会状况。《水浒传》的艺术成就，最突出的地方就在于塑造了一系列生动鲜明的绿林好汉形象，如勇武有力的打虎好汉武松、足智多谋的智多星吴用、憨直爽朗的黑旋风李逵、路见不平的石秀等。

《水浒传》的结构是纵横交错的复式结构，除了起义军的发生、发展和失败的全过程这根主线以外，主要人物的故事是如串珍珠般连缀着一个接一个出场的，既相对独立又自成一体。这些故事在结构上纵横开阖，各具特色，同时又是整个水浒故事的有机组成部分。其中有很多著名的桥段，情节生动曲折，深受读者喜爱，如鲁智深三拳打死镇关西、林冲风雪山神庙、智取生辰纲、武松打虎、时迁盗甲、众好汉江州劫法场等。另外，与《三国演义》半文半白的语言比起来，《水浒传》纯用白话文写成，语言更加口语化、俚俗化，更易于阅读。《水浒传》开了白话长篇章回体小说的先河。

《三国演义》与《水浒传》作为我国最早的两本讲史类长篇章回小说，奠定了有别于西方的中国古代长篇小说的特殊形式和风格，为广大人民所喜闻乐见，形成了中华民族特有的长篇小说阅读的审美心理和鉴赏习惯。受到这两部小说的激励，明朝嘉靖以后，各种历史演义如雨后春笋不断问世，据不完全统计，今存明、清两代的历史演义有一二百种之多，大家比较熟悉的有《东周列国志》《隋唐演义》《残唐五代史演义》《大明英烈传》等。

三、《西游记》和《封神演义》

神魔小说或写神魔之争或涉及妖魔鬼怪，其诞生是因为人们普遍对这类超自然的神奇故事充满好奇，再加上民间佛、道二教的影响，所以中国古代文言小说即有志怪传统，唐宋传奇中亦多有神鬼之谈，及至明清，神魔小说应运而生也就在情理之中了。神魔小说的代表作有吴承恩的《西游记》、许仲琳的《封神演义》等。

《西游记》全书主要描写了石猴孙悟空出世，学得本领后大闹天宫，被佛祖镇压在五行山下五百年，后遇唐僧解救，于是一路护送唐僧，与唐僧的另外两名弟子猪八戒、沙僧以及小白龙化身的白龙马一起西行取经的故事。唐僧师徒一路降妖伏魔，经历了九九八十一难，到达西天见到如来佛祖取到了真经，并最终五圣成真。

《西游记》是中国文学史上最杰出的一部充满奇思异想的神魔小说。吴承恩运用浪漫主义的手法，以丰富的想象力，为我们描绘了一个神奇绚丽的神话世界，成功地塑造了孙悟空这个本领通天的理想化的英雄形象，并且呈现了一系列妙趣横生、引人入胜的神魔斗法故事。此外，这个妖怪精灵的世界虽然千姿百态却并没有让我们觉得遥不可及，这是因为作者在奇幻的世界中也巧妙地寄寓了世态人情和世俗人心。法力高强却又争强好胜的孙悟空，爱打小报告、好吃懒做的猪八戒，耳根软、斯文懦弱的师父唐僧，老实巴交、任劳任怨的沙和尚，怀有各种贪嗔痴念的妖怪，他们虽然都披着精怪的外衣，但却实实在在有着人的各种优点和缺点、欲望和执念，因此显得鲜活生动，具有丰满的现实血肉和浓郁的生活气息。这种“幻”与“真”相结合的艺术手法，是《西游记》最有特色、最为成功的地方。

甘肃省天祝藏族自治县东大寺经堂壁画西游记（局部）

《西游记》的艺术想象奇特、丰富、大胆，在古今小说作品中罕有匹敌。《西游记》的出现，开辟了神魔长篇章回小说的新门类，自此之后，明代出现了写作神魔小说的高潮，并且还出现了《西游记》的续作、后传、仿作，可见其影响之大。《西游记》也深受外国读者喜爱，不仅有多种语言的译本，还有很多西游题材的电影、动画片。

《封神演义》俗称《封神榜》，全书一百回，以武王伐纣的故事为主线，写商、周两国的战争，以及阐教与截教（虚构的宗教）之间的宗教斗争。阐教帮助周，截教帮助商，各显神通，互有杀伤；结果纣王自焚，武王得天下。故事的最后，武王分封列国，姜子牙手持打神鞭封神，使有功于国的人和鬼都各有所归。

本来武王伐纣是历史大事件，但作者不是以讲史的方式构建小说，而是以奇特瑰丽的想象为我们描绘了一系列神仙妖魔的神话故事：他们各具法宝、各展神通，上天遁地、腾挪变化，为武王伐纣这场史诗大战平添了神异奇幻的色彩。小说中一些长相奇特且身具异能的神仙，如三只眼的杨戬，金发蓝面背生双翅的雷震子，三头六臂的哪吒，千里眼、顺风耳的高明和高觉，遁地能行的土行孙，都给人留下了非常深刻的印象。此外，黄天化的暴躁、姜子牙的忠厚、崇侯虎的贪鄙、妲己的狡猾、纣王的残忍，《封神演义》里的人物性格形象刻画也都十分精彩。

总之，由于神魔小说充满幻想、情节离奇，能给读者巨大的想象空间，让读者获得精彩有趣的阅读体验，因此深受读者喜爱。

四、《红楼梦》

世情小说叙写世态人情，故又称“人情小说”。所谓世态，指的是整个社会状况和各种社会矛盾冲突，也就是宏观层面上的社会氛围与社会风气；所谓人情，指的是影响人们处理各种矛盾、各种人际关系的微妙情感、心理和愿望，也就是微观层面上人的精神世界与内心活动。

明清世情小说的巅峰之作，同时也是中国古典小说的巅峰之作，当属《红楼梦》。《红楼梦》又名《石头记》，乾隆中期时，以手抄本的形式在民间流传，但不知何种原因，只有前八十回内容，作者为曹雪芹。后有程伟元组织人续写了后四十回，将其凑成完整的故事，以一百二十回版本排印发行。续书之人存疑，后世多以为是高鹗。程伟元排印的一百二十回《红楼梦》被红学界称作“程本”。

《红楼梦》的主线是贵族公子贾宝玉与林黛玉、薛宝钗之间的恋爱和婚姻悲剧，并以此为中心，写出了贾、王、史、薛四大家族的兴衰。虽然从内容上看，《红楼梦》也不外乎才子佳人类小说，但它的寓意深远，通过男女主人公的悲剧命运表达了对社会人生的认识与感慨，具有震撼人心的力量。尤其书中以“金陵十二钗”为代表的女性，她们的举止见识远胜于一般的男子，但无一例外都以悲剧结尾。她们的遭遇在激起读者强烈的同情之余，也促使读者去思考这些悲剧产生的根源，或许这正是这部小说的价值所在。

小说前半部分“鲜花着锦、烈火烹油”，繁华盛极、温柔富贵的大观园就是《红楼梦》所处的那个时代的缩影，最终一切的狂欢都会落幕，所有的繁华终成一场空，连同那看起来无比强盛的时代最后的结果也不外乎是“落了片白茫茫大地真干净”。《红楼梦》比之中国其他古典小说，最了不起的地方就在于它的预见性和超越性。它超越了其所处的时代，它看到了那些虚假繁华背后不可克服的内在矛盾，它预见到了腐朽的制度必然要走向覆灭的命运。

除了思想性深刻，《红楼梦》在艺术方面的创新与成就也是令人瞩目的。《红楼梦》刻画人物的技法，既有对传统的继承和发扬，又有独创和开拓，如对比烘托法，作者既对人物的独特性格反复渲染，又善于将不同人物特别是相近人物作性格对照，这样更能将人物性格的复杂面与独特性展示出来。

作为小说，《红楼梦》在叙事艺术上也较传统写法有了全面的突破与创新，它彻底地摆脱了说书体通俗小说的模式，极大地丰富了小说的叙事艺术，对中国小说的发展产生了深远影响。作者以自己独特的视角去审视现实人生，又以独特的方式把自己的感知艺术地表达出来，形成了写实与诗化、理想与真实完美融合的独特的叙事风格。

总之，明清两代的世情小说，或着重写情爱婚姻，或主要叙家庭纠纷，或广阔地描绘社会生活，或专注于讥刺儒林、官场、青楼，内容丰富，色彩斑斓。除了《红楼梦》以外，另有如《醒世姻缘传》《镜花缘》《蜃楼志》《平山冷燕》《品花宝鉴》《海上花列传》《玉娇梨》等。

五、《聊斋志异》

明清两代是白话小说异军突起、竞相争艳的时代，前文介绍的就是其中的一些佼佼者。不过，明清两代还有一些“另类”小说不得不提，它们或模拟六朝志怪，或仿制唐人传奇，以文言写就，篇幅皆短，与当时风靡的白话长篇小说迥然相异。这其中最著名、成就最高的当属清初蒲松龄的《聊斋志异》。

蒲松龄（1640—1715 年），字留仙，别号柳泉居士，山东淄川（今山东省淄博市淄川区）人。他未及弱冠便初试科场，接连考取县、府、道三个第一，得中秀才，名震一时。但此后的四十多年中他一共参加了十次乡试都屡试不第，直至七十一岁时才获得了一个安慰性质的贡生头衔，并得到一个“儒学训导”的虚衔。在科举不第的岁月里，蒲松龄为生计所迫，主要的生活来源便是在乡里做塾师。他舌耕四十余年，直至康熙四十八年（1709 年）方撤帐归家。

在教书之余，蒲松龄把主要的精力都放在了文学创作上。有一个广为流传的说法是，蒲松龄为了搜集鬼怪奇谈，曾在家乡路边备设烟茗，免费供人取用，但前提是请路人讲奇异的故事，以此作为素材来源。不过据鲁迅先生考证，蒲松龄的狐鬼故事多是从朋友处听来，又或者是从古书及唐人传奇里变化而来的。蒲松龄有一位东家毕际有乃是乡里富绅，对蒲松龄有知遇之恩，不仅给了他相对丰厚的酬金，让他可以从容养家，还准许他自由阅读自家藏书楼里的藏书，亲自为他搜罗素材，甚至撰写某些篇目，为蒲松龄修改完善《聊斋志异》提供了方便。

《聊斋志异》是文言短篇小说故事集，共四百九十一篇，四十余万字，内容丰富多彩，书中所叙多是神仙、狐鬼、花妖、精魅的传奇故事，继承了六朝以来的志怪传统，但又写得曲折变幻、委婉精细、耐人寻味，尤其是书中的狐鬼妖精多具人情、通晓世故、与人无异、观之可亲。蒲松龄在书中借神狐世界充分表达了自己的爱憎情感和美好理想，所以这部书后来被誉为中国古代文言短篇小说集的巅峰之作。

《聊斋志异》中占比最多同时也是写得最精彩的部分乃是爱情类故事，这一部分内容题材丰富、想象力奇诡，除了人与人的爱情婚姻故事，还有人与神、人与鬼、人与狐妖花精等的恋爱故事。在这些故事中，青年男女往往冲破礼教的束缚、世俗的偏见、人妖的界限，积极主动地争取爱情婚姻自由，并最终获得了幸福。其代表篇目有《婴宁》《小翠》《聂小倩》《葛巾》《竹青》《西湖主》等。此类故事的主人公多是非人的精怪，蒲松龄在刻画她们时往往“多具人情，和易可亲，忘为异类，而又偶见鹘突，知复非人”（鲁迅《中国小说史略》）。这是非常高超的写作技巧，非人与人相比，既无异又有别，既食人间烟火又突起神通变幻，这种对立统一让狐鬼花妖们具有了非比寻常的魅力。

蒲松龄作为科举制度的受害者，终身徘徊在社会底层，让他对下层百姓尤其是底层文人的生活窘境有了切身的体会，这也是促使他开展底层写作的直接原因。在《聊斋志异》中有不少篇目都述及了科举制度对读书人的摧残，他的生花妙笔把科场黑暗和举子心态刻画得入木三分、生动传神。可以说，这类题材就是蒲松龄在写自己：绝望地挣扎在科举制度之下，饱尝失落和痛苦、贫穷与艰辛。《叶生》《司文郎》

《贾奉雉》《王子安》等都是这类名篇。比如《贾奉雉》中的平凉才子贾奉雉，面对低劣的文章竟然可以做模板、庸才也能连中三元，而自己却始终“小试取第一则有余，大场取榜尾亦不足”的现实，心里涌起极大的困惑与激愤。这完全就是蒲松龄自己的内心写照。

《聊斋志异》中的人物形象鲜明生动，故事情节曲折离奇，结构布局严谨巧妙，文笔简练，描写细腻，成功地塑造了众多的艺术典型，很多作品都具有深刻的思想性与广泛的社会性，不愧为中国古典短篇小说的巅峰。

中国古代小说是中国古代文学的重要组成部分，也是中国传统文化的重要载体，正如读《三国演义》可以看历史兴亡、读《水浒传》可以知忠义节烈。优秀的小说积聚了丰富的民族文化，蕴含了民族的智慧美德，彰显了民族精神与情操，能开阔我们的视野，增益我们的见识，启迪我们的智慧，还能丰富我们的生命体验。正如钱理群先生所说的：要读名作（经典），就是因为每个民族、每个时代精神的精华都凝聚于其中，人类最美好的创造都汇集于其中，人类精神文明的成果就是通过各类学科的名作（经典）的阅读而代代相传的。

课后思考

一、填空题

1. ________ 又称“诗三百”，是我国第一部诗歌总集，共收集了自西周初年到春秋中叶（公元前 11 世纪至公元前 6 世纪）大约五百年间的诗歌 ________ 篇。

2.《诗经》全书分为________、________、________ 三部分，一般学者认为，这是按照音乐来划分的。

3. 屈原的 ________ 为楚辞的代表，故也称这种诗体为“骚体”。

4. ________ 是我国第一部章回体长篇小说，对其后的小说创作具有“示范”的意义。

5. 明清世情小说的巅峰之作，同时也是中国古典小说的巅峰之作，当属 ________。

二、判断题

（　）1. 汉代时，《诗经》的流传有“鲁诗”“齐诗”“韩诗”“毛诗”四个版本，合称“四家诗”。

（　）2.《西游记》是中国文学史上最杰出的一部充满奇思异想的神魔小说。施耐庵运用浪漫主义的手法，以丰富的想象力，为我们描绘了一个神奇绚丽的神话世界。

（　）3. 诗是一种词的别体，是隋唐时兴起的一种新的文学样式。诗最初是为了配合宴乐乐曲而填写的歌词。

（　）4.《诗经》在形式体裁、语言技巧、艺术形象和表现手法等各个方面都颇具特色，显示出我国第一部诗歌总集在艺术上之巨大魅力。

（　）5. 唐代山水田园诗以描写自然风光、农村景物以及安逸恬淡的隐居生活见长，代表诗人有李白和杜甫。

三、简答题

1. 简述《诗经》中诗歌的几种题材及代表作品。
2. 简述在汉赋方面取得突出成就的几位代表人物及其代表作。
3. 简述《红楼梦》相比其他古典小说所具有的社会意义。

课后实践

任务实施

学习完本项目内容后，认真完成任务单。

项目四任务单

任务主题	诵读文学作品，分析作品风格
任务要求	去校园图书馆或城市图书馆，选择感兴趣的文学作品进行阅读交流活动
任务总结	分小组进行口头交流并做读后感记录，交流结束后整理相关资料，完成作业上交

任务评价

请各小组选出一名代表展示任务实施的成果，并配合指导教师完成任务评价表。

项目四任务评价表

评价项目	评价内容	分值	评价分值		
			自评	互评	师评
职业素养考核项目	考勤、仪容仪表	10			
	团队交流与合作意识	10			
	创新意识、纪律意识	10			
专业能力考核项目	积极参与教学活动并正确理解任务要求	10			
	认真阅读并积极进行对作品的分析	10			
	任务实施过程记录表的完成度	10			
	对中国文学作品的理解程度	20			
	能够领悟古代文学作品的价值	20			
合计：综合分数____自评（20%）+互评（20%）+师评（60%）		100			
综合评价：					

项目五

赏析璀璨艺术：中国传统艺术

项目导读

中国传统艺术深深地根植于中国传统文化的沃土之中，有着灿烂悠久的历史、丰富绚丽的内容、鲜明独特的风格。走进中国传统艺术的长廊，恰如仰望璀璨的星空。遒劲洒脱的书法、气韵生动的绘画、缥缈空灵的音乐、引人入胜的曲艺、雄伟壮观的建筑群、温润精美的玉器，无不让你感受到美、感受到心灵的震撼！

学习目标

知识目标

△了解汉字书体的演变过程
△熟悉绘画艺术的分类与特点
△了解古代乐器与乐律知识
△认知戏曲表演艺术的种类
△见识不同地区的各类建筑群
△了解精美器物的产地

能力目标

△品味传统艺术的精髓及其现实意义
△掌握各类传统艺术的文化内涵及特点

素养目标

△领略中国优秀传统艺术，增强民族自豪感
△培养发现美和创造美的能力，提高审美情趣
△构建完善的人格，树立正确的世界观、人生观、价值观
△拓宽知识视野，陶冶情操，增强文化自信

思维导图

- 中国传统艺术
  - 翰墨风雅
    - 中国古代各种书体的发展
    - 书法艺术的时代风格
  - 丹青神姿
    - 国画的分类与特点
    - 国画的哲学意蕴
  - 琴音绵远
    - 古琴的发展与构造
    - 人类口头和非物质文化遗产
  - 曲艺戏曲
    - 中国传统曲艺
    - 中国传统戏曲
  - 恢宏建筑
    - 古代城池
    - 宫殿建筑
    - 各地民居
  - 精美器物
    - 玉器
    - 青铜器
    - 瓷器
  - 剪纸艺术
    - 剪纸的发展
    - 各方派系

任务清单

完成一项学习任务后，请在对应的方框中打钩。

课前预习	查阅中国传统艺术的相关资料	□
	分组讨论熟知的传统艺术门类	□
课中学习	赏析中国传统艺术经典篇目	□
	阐述你所喜欢的传统艺术形式	□
	认知中国传统文化的时代价值	□
课后巩固	完成课后相关习题	□
	完成课后实践环节任务单	□

微课堂

任务一　翰墨风雅

书法艺术是一门独立的艺术形式，它是以汉字的方形结构和线条变化为基础的。古人在创造这种方块字的时候，已经融入了中国人对造型美的基本见解，即结构平衡、线条流畅、整齐而有变化、均匀而有对比。这就给书法家提供了施展艺术才能、驰骋艺术想象的天地。汉字本身就具有自然之美和人文之美的因素，加之其结构富有写实主义精神，因此书法家们在挥毫洒墨的时候，完全可以依据自己对美的感受，把天地山川的自然之美、人物房舍之美与汉字的结构之美紧密地结合起来，并淋漓尽致地表现出来。

中国书法是汉字的艺术。汉字的起源，是中国书法艺术的起源。汉字的产生与发展，是中国书法艺术形成与发展的基础。汉字是由点和线组合而成的，“点”是线的浓缩，“线”是点的延长，因而中国的书法艺术可以被视为线条的艺术。书写汉字使用时间最长的工具是毛笔。毛笔极富弹性，遣毫之时提、按、顿、挫、疾、徐、收、纵，都会产生极尽变化的线条造型。

从秦汉开始，书法突破了“实用”的局限，被视为“艺事”，出现了第一批有姓名载入史册的书法家。书法作品风格独特，不同时代的作品也呈现不同的艺术特色，所谓“晋人尚韵、唐人尚法、宋人尚意、元明尚态”，充分说明了书法艺术风格的丰富多变。

一、中国古代各种书体的发展

从书法体式来看，中国古代书法大体可分为篆书、隶书、楷书、草书、行书五种。

（一）篆书

篆书出现在先秦，秦以后统一为小篆。篆书字形古朴，充满金石的趣味，有很强的装饰感、历史感、文化感。

1. 大篆

大篆包括金文、籀文、“古文”（即战国时六国手写体）以及除小篆以外的秦系古文字等。其代表作品如《多友鼎铭文》《大盂鼎铭文》《毛公鼎铭文》等。

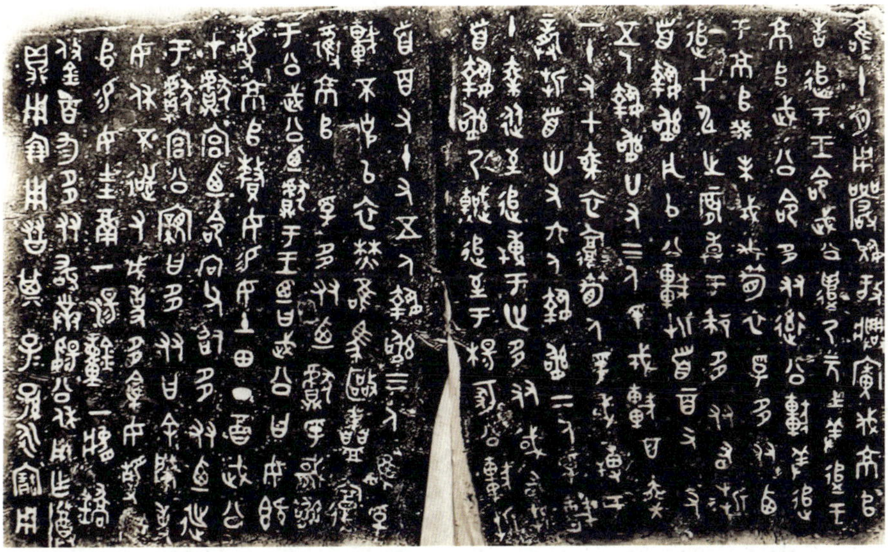

《多友鼎铭文》拓片（局部）

2. 小篆

公元前 221 年，秦始皇统一中国后，推行“书同文，车同轨”的政令。由宰相李斯负责，在秦国原来使用的大篆籀文的基础上删繁就简，创制了秦篆，又称小篆。

石鼓文是大篆向小篆过渡阶段最接近小篆的大篆作品。秦代《泰山刻石》《琅琊刻石》《峄山刻石》等颂功刻石为典型小篆。

秦相李斯是我国书法史上第一个有记载的书法家，《泰山刻石》为其代表作品。其线条匀称有力、圆起圆收，字体端庄严谨，虚实相生，疏密得当，从容平和且劲健有力，反映了当时秦王朝的时代精神。

（二）隶书

隶书出现于战国中晚期，成熟于西汉中期。相传隶书与“徒隶”有关，故名。

隶书是汉字中常见的一种庄重的字体，其书写效果略微宽扁，横画长而直画短，呈长方形，讲究“蚕头雁尾”“一波三折”，蕴含着一种博大的气势，充溢着雄健的力量，精美绝妙。史称成熟之前即尚未脱去篆意的隶书为“古隶”，称脱去篆意的隶书为“汉隶”。

1. 古隶

古隶即早期隶书，源于战国秦人对篆文的书写简化，又名“秦隶”。汉字由篆至隶产生的变化，史称“隶变”。古隶代表作品有《银雀山汉简》《马王堆帛书》《青川木牍》等。

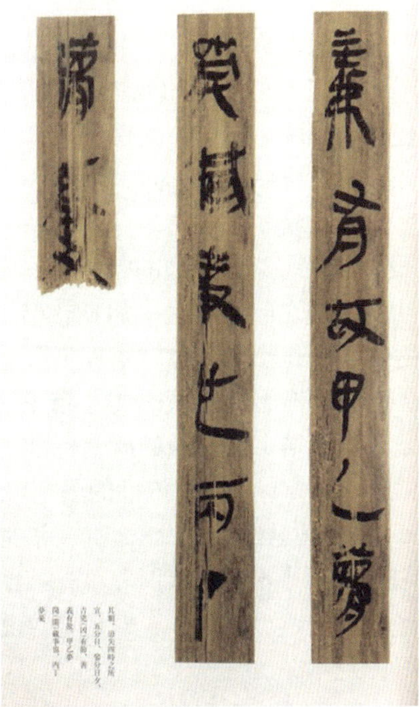

《银雀山汉简》（局部）

2. 汉隶

最能代表汉代书法特色的，莫过于碑刻和简牍上的书法。东汉碑刻林立，这一时期的碑刻以汉隶刻之，字形方正、法度谨严、波磔分明，此时隶书的发展已登峰造极。东汉大量碑刻如《乙瑛碑》《曹全碑》《礼器碑》之类，最能体现其规则及艺术魅力。

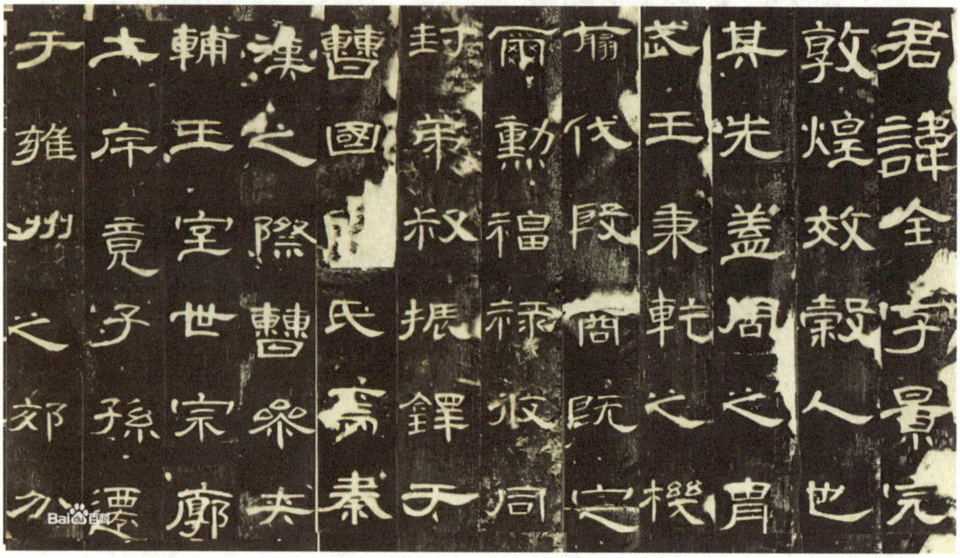

《曹全碑》（局部）

（三）楷书

楷书也称正楷、真书、正书，从隶书逐渐演变而来，更趋简化，字形由扁改方，笔画中简省了汉隶的波势，横平竖直。楷书形成于汉代，盛行于魏晋南北朝，至唐代达到顶峰。楷书有大楷、中楷、小楷之分。楷书按名家个人风格划分，又有“欧体”“颜体”“柳体”“赵体”等。

1. 小楷

最先萌芽、成型的是小楷，它是从简牍之类的日常朱墨字迹里萌生的，其形成约在汉魏之际。东汉中后期，楷书已呈呼之欲出之势。魏钟繇于楷书有加工、推行之功，所作小楷人称“章程书”，如《宣示表》。

到了东晋，王羲之将小楷书法加以悉心钻研，使之达到了尽善尽美的境界，也奠立了小楷书法优美的欣赏标准。

小楷字帖甚多，传世的墨拓中以晋唐小楷的声名最为显赫，如东晋王羲之的《乐毅论》《黄庭经》，王献之的《洛神赋十三行》，唐代钟绍京的《灵飞经》等。

晋唐小楷多为刻本，临摹观赏不及墨本。元代赵孟頫的《汲黯传》和《道德经》、明代文徵明的《太上老君说常清静经》和《前后赤壁赋》等小楷墨本是非常好的范本。

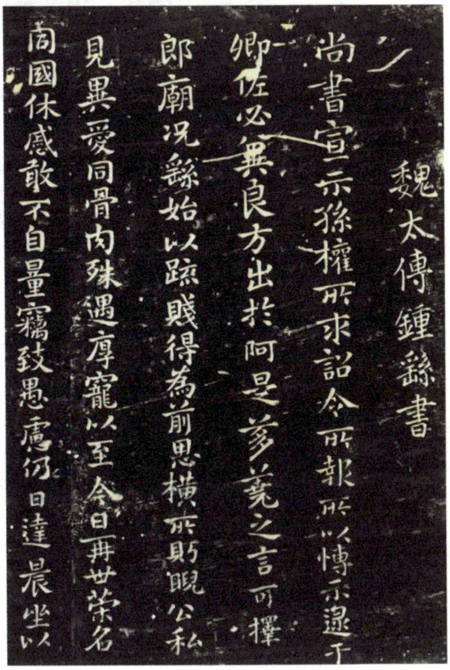

《宣示表》（局部）

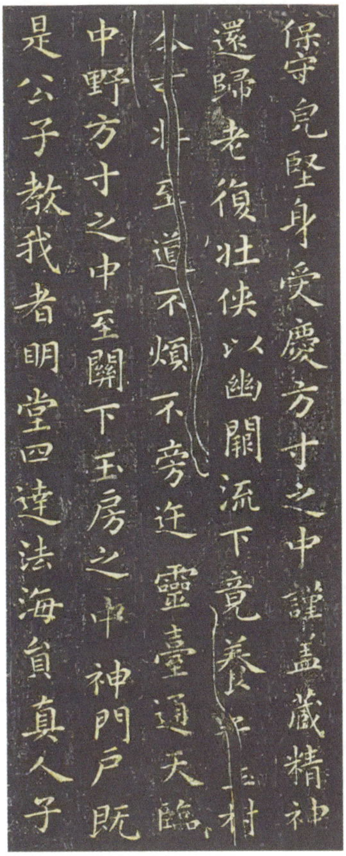

《黄庭经》局部

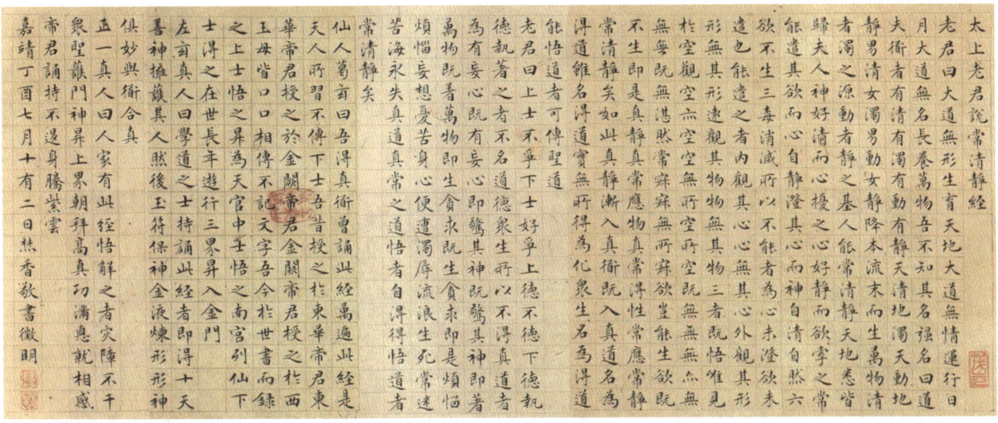

《太上老君说常清静经》

2. 魏碑

北魏楷书，泛指南北朝时期北朝的铭石碑刻楷书，也称魏碑楷书。北魏楷书在书法风格上以豪放雄强为基调，形成了中国书法史上独具魅力的北魏书风，或雄浑，或典雅，或超逸，异彩纷呈，蔚为壮观。康有为《广艺舟双楫》赞曰：“凡魏碑，随取一家，皆足成体，尽合诸家，则为具美。”

在北魏楷书中，又形成了造像、墓志、摩崖、碑志等不同基调或不同地域的书法风格，并相对集中于河南洛阳一带以及山东境内。魏碑楷书对后世尤其是清代书法产生了巨大影响。

北魏楷书中的代表作品有《龙门二十品》，其中又以《杨大眼造像记》《始平公造像记》《魏灵藏造像记》《孙秋生造像记》，即“龙门四品”为最精华者。另外还有《元晖墓志》《张猛龙碑》《司马绍墓志》《元氏墓志》《张黑女墓志》等名碑刻石，其中《张猛龙碑》书法劲健雄峻，被世人誉为“魏碑第一”，开启了初唐楷书法则的规模。

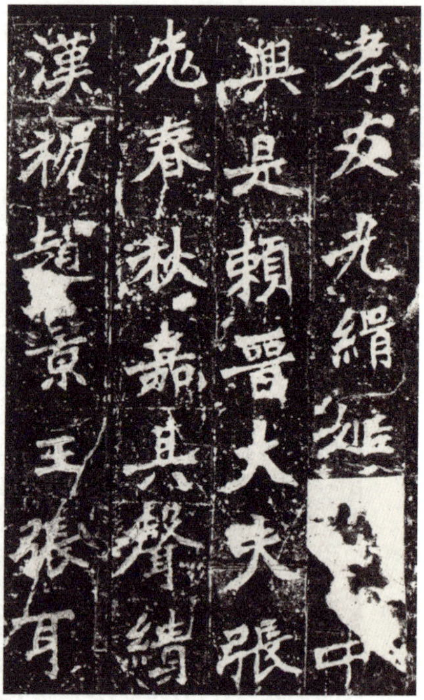

《张猛龙碑》局部

3. 唐楷

唐楷法度森严、用笔规范、体态平稳，体现了情感、创意与法度、理性的完美结合，堪称“尚法”的典范，给后人的发挥余地极其有限。唐太宗李世民喜好书法、倡导书学，并竭力推崇王羲之的书法。历代盛称的“初唐四家”有欧阳询、虞世南、褚遂良和薛稷，他们代表了初唐风格，是唐代书法的第一座高峰。到了中、晚唐时期，更是名家辈出，以颜真卿、柳公权为代表的书法家把唐代书法带到了第二座高峰，其楷书作品均为后世所重，奉为习字的圭臬。

唐楷代表作品有：欧阳询的《九成宫醴泉铭》《皇甫诞碑》《化度寺碑》等，挺劲峭拔，棱角森然；虞世南的《夫子庙堂碑》，正平俊朗，风姿绰约；褚遂良的《雁塔圣教序》，精工秀雅，形瘦实腴；颜真卿的《颜勤礼碑》《多宝塔碑》《麻姑仙坛记》《东方朔画像赞》等，雄强浑厚，朴茂端庄；柳公权的《神策军碑》《金刚经刻石》《李晟碑》《玄秘塔碑》等，刚劲峻拔，端庄严谨，可谓“前无古人，后无来者”。

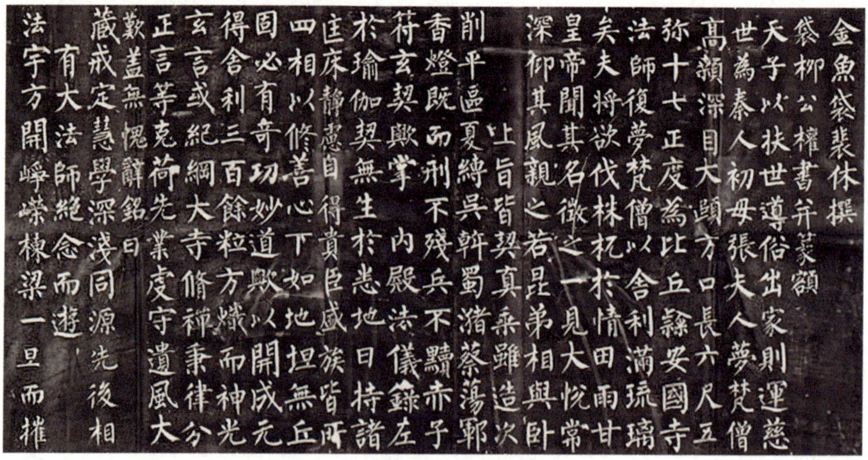

《玄秘塔碑》(局部)

4. 唐代以后楷书的发展

楷书在经历了唐代的高峰期之后，开始步入了平缓的发展阶段。

唐代以后的楷书大都属于传承。“唐书重法，宋书重意”。宋代书家大多继承唐人遗韵又勇开新面，其中以苏轼、黄庭坚、米芾、蔡襄成就最高。宋代楷书讲究风神意态和整体效果，不计较一点一画的得失；在规矩法度中求变化，追求清新自然的意趣和个人情感的抒发。另外，宋徽宗所创的“瘦金体”也独具特色。

《秾芳诗帖》(局部)

元代，书法进入了一个复古的时代。元代楷书成就最高的是赵孟頫。他用笔颇得古法，结字尤其精熟，大楷、小楷皆有名迹存世，使得他的楷书与唐代的三位书家欧阳询、颜真卿、柳公权并称为“欧、颜、柳、赵”四家。赵孟頫楷书存世的有《三门记》《胆巴碑》《妙严寺记》《道德经》《汲黯传》等，皆是非常著名的佳作。

明代书法仍然崇尚帖学，楷书方面的成就集中体现在小楷上。明代擅长楷书的首推祝允明、文徵明、王宠、董其昌四人。这一时期楷书代表作品有文徵明的《点闸帖》和董其昌的《临东方朔画像赞》。

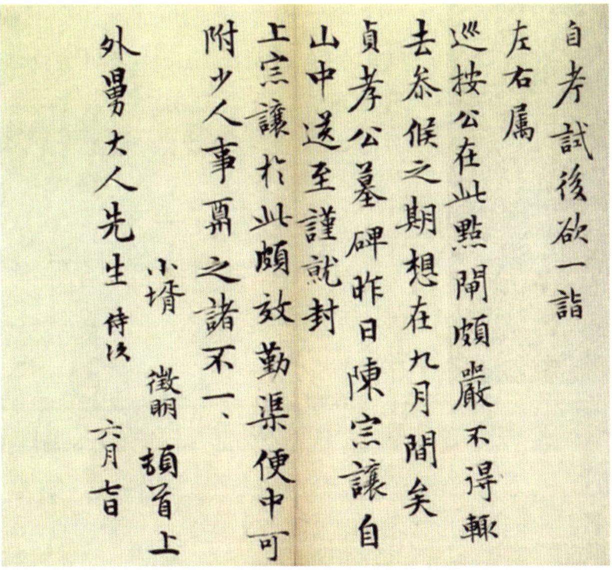

《点闸帖》(局部)

清代是中国书法史上的一个中兴时期。这一时期碑学兴起，六朝碑版备受推崇，加之社会的动荡与变革对人们思想观念带来的冲击，使书法家在艺术思想发生急剧变革的背景下更加注重书法艺术的形式表现与个性追求，进入了一个以艺术本位作

《程子四箴》（局部）

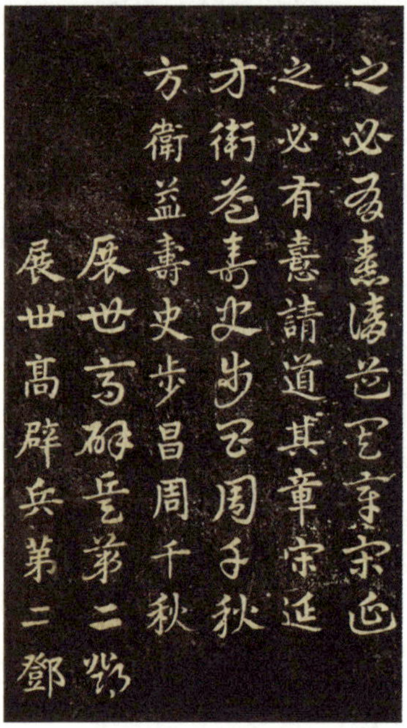

《急就章》（局部）

为思想、理论支撑的时期。清末楷书求异创变，不仅使楷书摆脱了长期困惑，也为楷书艺术创造进入现代艺术语境提供了成功的启示。这一时期著名的楷书大家有钱沣、金农、何绍基、张裕钊、赵之谦等人，代表作品有钱沣的《程子四箴》、金农的《消寒诗序册》、何绍基的《邓琰墓志铭册》。

（四）草书

草书，是为了书写便捷而产生的一种书体。《说文解字》中说："汉兴有草书"。草书始于汉初，其特点是：存字之梗概，损隶之规矩，纵任奔逸，赴俗急就，因草创之意，谓之"草书"。草书主要有章草、今草、狂草三种。

1. 章草

章草是隶书的草写，即早期带有隶意的草书，用笔连绵省简，笔法、体势较隶书丰富多变。章草大致完整成型于西汉宣帝和元帝之间。相传汉元帝时的黄门令史游用章草体书写了当时的启蒙课本《急就章》，章草由此诞生。

2. 今草

今草由章草发展而来，少了章草的波挑，改横向取势为纵向贯气，体势更为活泼。纯粹的今草出现于东晋，王羲之最终完善了今草。今草代表作品有王羲之的《寒切帖》《十七帖》、唐代孙过庭的《书谱》等。

3. 狂草

狂草是草书中最放纵的一种，其笔势连绵回绕、字形变化繁多，相传创自汉张芝，至唐张旭、怀素达到顶峰。

狂草是在今草的基础上将点画连绵书写而形成"一笔书"，在章法上与今草一脉相承。狂草的成就是唐代书法高峰的另一方面的表现，代表人物是张旭和怀素，俗称"颠张醉素"，代表作品有张旭的《古诗四帖》、怀素的《苦笋帖》等。

（五）行书

行书是在楷书的基础上发展起来的，是介于楷书、草书之间的一种字体。它是为了弥补楷书的书写速度太慢和草书难以辨认而产生的。"行"是"行走"的意思，因此它不像草书那样潦草，也不像楷书那样端正。实质上它是楷书的草化或草书的楷化。楷法多于草法的称"行楷"，草法多于楷法的称"行草"。前者如王羲之的

《兰亭序》、王献之的《廿九日帖》等；后者如王羲之的《得示帖》、王献之的《十二月帖》、颜真卿的《祭侄文稿》等。

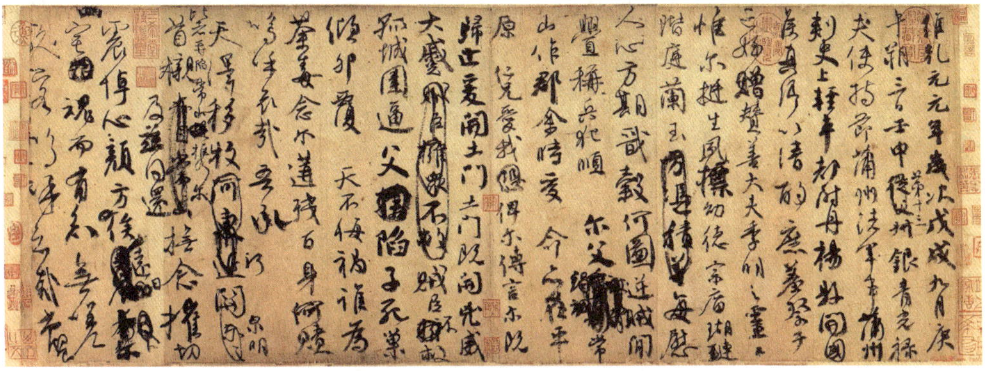

《祭侄文稿》

无论是传世的书法作品，还是出土的书法作品，都显示了不同历史时期的书法艺术的特点和风格。不同的书写者通过运用毛笔的笔锋和运笔的不同方式，通过对汉字笔画、结构和字形采取不同的处理方法，将自己的情感、情趣、理想和追求融入其中，从而使书写文字成为表现意境的形式，这正是书法这种以形表意的艺术形式所具有的艺术魅力和感染力。

二、书法艺术的时代风格

《金石略序》云："观晋人字画，可见晋人之风猷"。这一句话是说：观看晋代人的字画，可以看出晋代人的风度品格。其道出了书法的一个特点：书法具有鲜明的时代特色。

书法艺术风格不仅受书法家个性制约，而且受时代和民族的经济物质生活和政治文化生活的影响和制约，因此无一不打上了时代的印记。比如，殷商时代甲骨文以象形文字为基础，结体比较自由，章法布白或整齐成行，或散落成块，笔画方折成细线，所以当时书法的时代风格是纤劲方硬。

周代以后，甲骨文已极少，代之以大量的青铜器铭文（金文）。金文书法风格和甲骨文完全不同，浑厚典雅。

秦统一六国后，字体规范化。秦篆结构严谨规整而取纵势，线条圆转匀称，雄健而有气势，成为秦代的时代书风。

汉代前期即西汉阶段的隶书继承了秦代书风，所以结体大多带有篆书遗意。东汉以后，由于受谶纬思想影响，碑刻盛行，隶书已摆脱了篆书影响而定型，风雅多姿成为东汉隶书的时代特点。

三国西晋时代，汉隶已经逐步成古体，楷体以代之。这时的楷体还受隶书影响，大多带有隶意，还没有楷法；草书则是以章草为代表。东晋南朝以行草为时代书体的特征，盛行流畅秀美的"二王"书风。

北朝前期书风古朴雄劲，结体似乎是楷篆隶过渡体，实际是变形；后期大多是结体严谨的楷体，风格飘逸雄健。

隋唐之际南北书风汇合，楷体已经高度成熟，强调楷法，结构严谨，笔法精到，所以称“唐代尚法”。但前期受“二王”影响，书风以秀美为主；后期，文化艺术上要反映出盛世，所以书风雄伟有气势，称为盛唐之书。

宋代书法家中文人艺术家多，提倡新意，以行草见长，风格遒劲秀逸而多情态成了宋代书风的时代特点。

元代文人书法家提倡晋唐书法，形成了秀逸遒美的时代书风。篆书章草得到继承并具有元人的风格。

明代前期流行阁帖，趋向馆阁体，风格较为呆板；中期以后，市民文学兴起，书坛强调表现个性情趣，风格清淡秀雅。

清代初期，统治者提倡赵（赵孟頫）董（董其昌）书风，实行以书取仕的选拔制度，于是刻板柔弱书风占了主要地位。乾嘉以后，碑学兴起，出现了一些个性突出的书家，同时，以帖学为宗的主流派书家想通过学唐代书家来弥补骨力不足，于是盛行学习欧书颜书。

可见，一个时代的书法风格，既有历史的沿革因素，又有本时代的各种条件的影响，从而形成这个时代与其他时代不同的书风。

趣味故事

“墨池”的故事

微课堂

任务二　丹青神姿

中国传统绘画又名国画，是为区别于西洋画而对中国传统绘画的泛称。它包括卷轴画、壁画、年画、版画等诸多门类，有时特指以中国独有的笔墨等工具材料按照长期形成的传统而创作的绘画。与西洋画不同，中国画以天、地、人相互关联的哲学为基础；画家通过对自然的俯仰观察，深切体悟宇宙自然生生不息的内在精神，最后达到“迁想妙得”。中国画重在写心、写神，随着不同的人，不同的时间、地点、心情，显示出不同的丰富效果，形成了一种高超的写意传统。

中国的绘画史可以上溯到石器时代。最初的中国绘画主要画在陶器和岩壁上，后来逐渐发展到画在墙壁、绢和纸上。

汉代的墓室壁画、帛画，深沉雄大；魏晋南北朝时期的绘画发展得最为突出的是人物画和动物画；隋唐时期的绘画有了全面的发展，仕女画及宗教画更见完备；宋代设立了“书画院”，“画学”被正式列入科举；元代“文人画”盛行，诗、书、画的结合体现了中国画的又一次创造性的发展；明清的绘画流派纷繁，各个画科全面发展，山水、花鸟的成就最为显著，表现手法有所创新。

新中国成立后，中国画开始了一个新阶段。当时，中国画创作主要体现为延安革命美术传统、苏联社会主义现实主义和徐悲鸿所倡导的写实主义相结合而成的形式。改革开放以来，中国画的革新和探索呈现多元趋势，对组织中国画的创作、研究与销售等都作出了积极的贡献。

一、国画的分类与特点

（一）国画的分类

按照内容，国画可分为人物画、山水画、花鸟画三大类。

人物画，指以人物形象为主体的绘画，大体有道释画、仕女画、肖像画、风俗画、历史故事画等。人物画力求人物个性刻画逼真传神、气韵生动。五代南唐画家顾闳中的《韩熙载夜宴图》是人物工笔画的传世经典之作。画家通过对人物不同姿态、目光等的描绘以形写神，画中人物的身姿、容貌处理得生动传神。

顾闳中的《韩熙载夜宴图》（局部）

山水画，指以描写山川自然景色为主体的绘画。山水画的特征是有意境，追求“境界”，亲近自然、陶冶情操、净化心灵。

花鸟画，指以花、鸟、鱼、虫等为描绘对象的绘画。花鸟画的表现技法多样，从绘画手法看有工笔花鸟画和写意花鸟画，从水墨色彩看有水墨花鸟画、泼墨花鸟画、设色花鸟画、白描花鸟画等。

知识链接

绘画的工具

（二）国画的特点

有人说，西洋画是“再现”的艺术，中国画是“表现”的艺术。国画的主要特点是：追求神似，注重意境。国画讲究“气韵生动”，不拘泥于物体外表的肖似，多强调作者的主观情趣，也就是讲求“以形写神”，追求一种“妙在似与不似之间”的感觉。国画不仅要画出事物的形态，还要画出其内在的意蕴。

国画以墨线为造型的主要手段。国画注重线条勾画，不管是人物、山水还是花鸟鱼虫，多使用线条和墨色。

诗、书、画、印相融合，可以产生形意相生、形色相映的艺术效果。

知识链接

中国十大传世名画

二、国画的哲学意蕴

国画的哲学意蕴体现在以下方面。

（一）似与不似

国画是意象艺术，国画中的很多作品看上去“形”并不准确，但艺术张力浑厚。“似与不似”是国画的一种艺术规律，它明确、简练地概括了国画的一种造型原则。

（二）虚与实

国画讲究虚实相生，非常自然地留有空白，以便让读者自己还原全景和全貌，重在自身的体会与精神感应，强调内心的主观情怀与自然物象的交融、升华。与写实油画相比，国画可以把不同时空的人物、景致、花鸟融合在同一个特定的环境中，还可以把不同时间观看的景物呈现在同一个画面中。

（三）形与神

在国画中，“形”是指事物或人的视觉形象，“神”指事物或人的精神状态。“以形写神”是国画的创作理念，人物画对“神”的要求更高。当然，国画创作虽然重

"神"但也不轻"形"，因为"形"是"神"的附属和表现。国画崇尚的是"形"与"神"的和谐合一。

（四）情与景

国画不是纯客观、刻板的自然描绘，而是把作画的客体作为传达情感的载体，来抒发画家自己内心的情绪。国画讲究神、情、意、趣，传统文人画更凸显抒情、立志。郑思肖借墨兰表露气节，王冕画墨梅表明情操，八大山人用白眼鱼鸟发泄亡国之愤，徐悲鸿画出了剽悍、勇猛、耐劳、忠实的马，展示的其实都是画家自己的精神与气质。

任务三　琴音绵远

微课堂

在中国古代社会中，"琴、棋、书、画"历来被视为文人雅士修身养性的必由之径。古琴以其清、和、淡、雅的音乐品格寄寓了文人傲骨临风、超凡脱俗的处世心态而在雅人四好中居于首位。

一、古琴的发展与构造

（一）古琴的发展

古琴，原名琴，亦称瑶琴、玉琴、七弦琴。古琴堪称中国现存最古老的拨弦乐器，有三千年以上的历史。历代文献中有伏羲制琴的传说，《琴操》（蔡邕）有"昔伏羲氏作琴，所以御邪僻，防心淫，以修身理性，反其天真也"等说法。当然，还有神农氏、黄帝、唐尧、虞舜等制琴的记载。

周朝时，古琴用于郊庙祭祀、朝会、典礼等场合的雅乐演奏，在民间也十分兴盛。《诗经》有很多对琴的描述，如"窈窕淑女，琴瑟友之""我有嘉宾，鼓瑟鼓琴""妻子好合，如鼓瑟琴""琴瑟在御，莫不静好"等，这说明古琴至少在周朝就已经是一件非常普遍、受到人们喜爱的乐器了。我国古代文学、史学、艺术中，古琴作为描述对象大量存在。

春秋战国时期，古琴音乐已具有一定的艺术表现力了，孔子所教授的六艺"礼、乐、射、御、书、数"中，古琴是必修乐器。汉魏六朝时期，古琴艺术有了重大发展。古琴除了作伴奏乐器外，还以独奏形式出现。唐代一批诗人为古琴写下了不朽的诗篇，晚唐曹柔创造了减字谱，近似演奏符号，是古琴减字谱的早期形式。宋朝古琴音乐在有起有伏中曲折地发展。明清时期大量琴谱得到刊刻流传。清末与民国年间由于战乱和社会变迁，古琴音乐濒于绝灭。1949 年后，古琴音乐受到政府的重视，调查、收集、整理了流传于民间中的各种传谱，发掘出了一批失传的琴曲。

趣味故事

蔡邕的焦尾琴

（二）古琴的构造

古琴一般长约三尺六寸五，象征一年三百六十五天。古琴的身宽，一般都是四寸，比喻一年的四季。琴的十三徽分别象征十二月和闰月，居中最大之徽代表君，象征闰月。琴体下部扁平，上部呈弧形凸起，分别象征天与地，与古时的天圆地方之说相应和。古琴最初只有五根弦，内合五行金、木、水、火、土，外合五音宫、商、角、徵、羽。五根弦象征君、臣、民、事、物。后来增加的第六、七根弦被称为文、武二弦，象征君臣之合恩。琴头用以承弦的硬木名“岳山”，琴尾称“龙龈”。琴底有两个共鸣箱，大的称“龙池”，小的称“凤沼”。上山下泽，有龙有凤，象征了天地万象。古琴有泛音、散音和按音三种音色，泛音法天，散音法地，按音如人，分别象征天、地、人之和合。

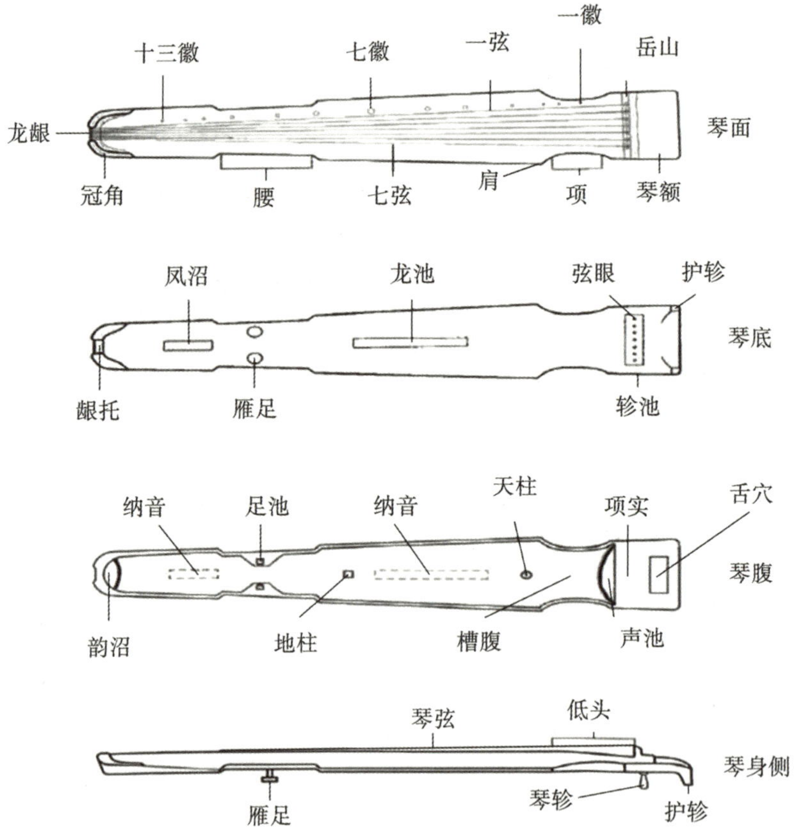

古琴的结构（仲尼式）

二、人类口头和非物质文化遗产

古琴是中华民族的瑰宝。它历史悠久、内涵丰富、影响深远，为世人所珍视。湖北曾侯乙墓出土的古琴实物距今有两千余年，唐宋以来历代都有古琴精品传世。现存可见南北朝至清代的琴谱有百余种、琴曲有三千首，还有大量关于琴家、琴论、琴制、琴艺的文献，遗存之丰堪为中国乐器之最。

古琴的主要演奏形式有伴奏（琴歌弹唱）、合奏、独奏三种。古琴的声音非常独特，琴音也被称为“太古之音”“天地之音”。古琴还承载着丰富的精神文化，它深入哲学层面并达到“道”的境界，体现在琴人、琴论、琴社、琴派等各个层面。这种精神文化内涵是古琴艺术价值的重要体现。

古琴在隋唐时期还传入东亚其他国家，为这些国家的传统文化所汲取和传承；近代又伴随着华人的足迹遍布世界各地，成为西方人心目中东方文化的象征。美国发射的“航行者”号太空船上，放置了一张可以循环播放的镀金唱片，其中收录了我国著名古琴大师管平湖先生演奏的长达七分钟的古琴曲《流水》，用以代表中国音乐。

2003 年，中国古琴艺术被列入世界第二批人类口头和非物质文化遗产代表作名录。

经典赏析

《听琴图》

扫一扫

中国古琴具有浓浓的哲学意蕴，即天人合一、德艺相融、心声契合。

（一）天人合一

中国古代艺术遵循着得天地之美这种特殊的哲学理念。作为用来修身养性的琴，受这种哲学理念的影响，从一开始就不只是一种单纯的娱乐需要。中国琴学融入了道德、礼仪与人格修养，追求天声、地声、人声为一体。“天人合一”“情景合一”的哲学境界渗透到琴学中，体现了古琴文化中的哲学思想。

（二）德艺相融

琴之为器，德在其中；众器之中，琴德最优。琴音所表现的雅正之德为琴人所重视。艺术与道德在琴的境界中得到统一，琴德蕴含着中华民族精神的内核。古琴

《听琴图》

让人接近生命的意义，对世界观、宇宙观有更多更新的体悟。古琴，在过去是古人修身悟道的重要方式，在今天也能成为人格培养和精神升华的重要手段。

（三）心声契合

古琴之音既淡雅又清亮绵远，符合中华传统文化追求意境、崇尚内在和寓意含蓄的特征。无论是儒家主张的“乐以载道”，还是道家主张的“大音希声”，都体现着一种在“和”与“静”不偏不倚的心态中获得个人和社会和谐统一的追求，这也是对古琴神韵、意境、移情的审美表达。

总之，古琴讲究“平和中正、清微淡远”。古人弹琴并非简单的娱人娱己，而是欲与天地精神相往来，在高山流水、林泉飞瀑中去感悟生命哲学。因此，古琴的“非物质文化遗产”价值在于它不是单独的音乐或技术，而是中国传统文化的载体，承载了文化教化、影响社会、改变心态、修身理性的作用。

微课堂

任务四　曲艺戏曲

曲艺和戏曲是我国传统文化中的瑰宝，有着悠久的发展历史，是人民群众喜闻乐见的艺术形式。二者彼此汲取营养，有着千丝万缕的联系。曲艺和戏曲虽然联系紧密，但却是两种不同的艺术形式，在很多方面都有不同之处。曲艺是说唱艺术的总称，包括弹词、大鼓、琴书、道情、评话、相声、快板等；戏曲则是中国传统的戏剧形式，是一门综合类艺术，以歌唱、舞蹈为主要表演手段，包括昆曲、京剧和各种地方戏等。

一、中国传统曲艺

（一）曲艺艺术发展概述

曲艺历史悠久，古时民间的传说、宫廷中俳优（专为宫廷演出的民间艺术能手）的弹唱歌舞和滑稽表演，都含有曲艺的艺术因素。1957 年击鼓说唱俑出土于四川成都天回山东汉崖墓。俑通高 56 厘米，以泥质灰陶制成，俑身上的原有彩绘现已脱落。

陶俑蹲坐在地面上，右腿扬起，左臂下挟有一圆形扁鼓，右手执鼓槌作敲击状。俑人嘴部张开，开怀大笑，仿佛正进行到说唱表演的精彩之处。人物面部的幽默表情被刻画得极为生动传神，使观者产生极大的共鸣。

击鼓说唱俑

唐朝时期，随着佛教的传播，僧侣将佛经译成文雅的经文；为向人们进行宣讲，又把经文和其中的动人故事编成通俗文字加以演唱，先用说白（散文）叙述事实，然后用歌唱（韵文）加以铺陈渲染。这种演唱佛经的形式称为“俗讲”，即通俗讲经之意。俗讲是唐朝说唱艺术的一种，随着俗讲和民间曲调的流行，说话技艺、歌唱技艺逐渐兴盛起来。自此，曲艺作为一种独立的艺术形式开始形成。

宋朝时期，由于商品经济的发展、城市的繁荣、市民阶层的壮大，说唱表演有了专门的场所，也有了职业艺人，说话技艺以及鼓子词、诸宫调等演唱形式极其昌盛。明清两朝到民国初年，城市数量猛增，大大促进了说唱艺术的发展。

曲艺作为说唱艺术，虽有悠久的历史，却一直没有独立的艺术地位。在中华艺术发展史上，说唱艺术曾归于“宋代百戏”中，在勾栏、瓦肆（均为宋代民间演出场地）表演；到了近代，则归于“什样杂耍”中，大多在诸如北京的天桥、南京的夫子庙、上海的徐家汇、天津的“三不管”、开封的相国寺等民间娱乐场地表演。新中国成立后，这些已经发展成熟的说唱艺术才有了一个统一而稳定的名称——曲艺，并进入剧场进行表演。

相声原指模拟别人的言行，后来逐渐从一个人模拟口技发展成单口笑话，名称也随之转变为相声。口技是优秀的民间表演技艺，是杂技的一种。口技源于上古时期，人们通过模仿动物的声音来骗取猎物。战国时期，孟尝君夜闯函谷关，他的门客靠口技模仿“鸡鸣狗盗”救了他。到了宋朝，口技已经成为相当成熟的表演艺术，俗称“隔壁戏”，表演者用口、齿、唇、舌、喉、鼻等模拟大自然的各种声音，如飞禽猛兽、风雨雷电等，使听众身临其境。口技在宋朝开始极为盛行，清朝时属“百戏”的一种，是相声产生和发展的主要来源之一。

相声是以说笑话或滑稽问答引起观众发笑的曲艺形式，寓庄于谐，以讽刺笑料表现真善美，以引人发笑为艺术特点，以“说、学、逗、唱”为主要艺术手段。相声主要采用口头方式表演，表演形式有单口相声、对口相声、群口相声三种。单口相声由一个演员表演，讲述笑话；对口相声由两个演员一捧一逗；群口相声又称“群活”，由三个以上演员表演。相声是扎根于民间、源于生活、深受群众欢迎的曲艺表演形式。相声传统曲目以讽刺旧社会各种丑恶现象和通过诙谐的叙述反映各种社会现象、生活场景为主，代表作品有《关公战秦琼》《戏剧与方言》《贾行家》《扒马褂》等。新中国成立后，相声除继续发扬讽刺传统外，也有歌颂新人新事的作品。

在相声的发展历史中，涌现出许多著名的相声表演大师，代表人物有马三立、侯宝林、刘宝瑞等。

知识链接

相声术语　苏州评弹　徐州琴书

（二）曲艺艺术特征分析

曲艺是中华民族各种说唱艺术的统称，是由民间口头文学和歌唱艺术经过长期发展演变形成的一种独特的艺术形式。据不完全统计，至今流传在我国民间的各族曲艺曲种约有 400 个。这些曲种各自独立存在，自有其个性，同一曲种中又有不同的艺术流派，即使是同一流派，也因为表演者的差异各有特色，从而形成了曲坛上百花争艳的繁荣景象。众多的曲艺曲种虽然各有各的发展历程，但都具有鲜明的民间性、群众性，具有共同的艺术特征。

1. 艺术表现手段

曲艺是说唱艺术，以“说”“唱”为主要的艺术表现手段。

说：相声、评书、评话等；唱：京韵大鼓、扬州清曲、东北大鼓等；似说似唱：山东快书、快板书、锣鼓书等；又说又唱：山东琴书、徐州琴书、云南扬琴等；又说又唱又舞：二人转、十不闲莲花落、凤阳花鼓等。

正因为曲艺主要是通过说、唱，或似说似唱，或又说又唱，来叙事、抒情，所以它的语言必须适于说或唱，一定要生动活泼、洗练精美并易于上口。

2. 角色和道具要求

曲艺不像戏剧那样由演员装扮成固定的角色进行表演，而是由不装扮成角色的演员以“一人多角”的方式，即一名曲艺演员模仿多种人物，把形形色色的人物和各种各样的故事通过说、唱的形式表现出来，传达给听众。因此与戏剧相比，曲艺表演具有简便易行的特点。只要有一两个人、一两件伴奏的乐器，或者一个人带一块醒木、一把扇子（评书艺人所用）或一副竹板儿（快板书艺人所用），甚至什么也不带（相声艺人），就可以走到哪里说唱到哪里，与听众的交流比戏剧更为直接。

3. 表演曲目的特点

曲艺表演的简便易行，使它对生活的反映更为快捷。曲目、书目的内容以短小精悍为主，因而曲艺演员通常能自编、自导、自演。与戏剧演员相比，曲艺演员所肩负的导演职能尤为明显。比如一个曲目、书目，或一个相声段子，在表演过程中故事情节的结构、场面的安排、场景的转换、气氛的渲染、人物的出没、人物心理的刻画、语言的铺排、声调的把握、节奏的快慢等，无一不是由曲艺演员根据叙事或抒情的需要以及对听众最佳接受效果的判断，来对说或唱进行统筹安排和调度，从而表演出一个个令听众心醉的精彩节目。

4. 曲艺舞台要求

曲艺以说、唱为艺术表现的主要手段，是诉诸人们听觉的艺术。曲艺通过说、唱刺激听众的听觉来驱动听众的形象思维，在听众形象思维构成的意象中与演员共同完成艺术创造。曲艺表演可以在舞台上进行，也可划地为台随处表演，因而曲艺听众的思维与戏剧观众相比，不受舞台框架的限制，曲艺所说、唱的内容比戏剧具有更大的时间和空间上的自由。

5. 演员基本功

为使听众享受到如闻其声、如见其人、如临其境的艺术美感，曲艺演员必须具备坚实的说功、唱功、做功，并要具有高超的模仿力。曲艺演员只有具有动人的技巧、将人物的喜怒哀乐刻画得惟妙惟肖、对事件的叙述引人入胜，才能博得听众的欣赏。而上述坚实功底往往来自曲艺演员对现实生活的观察、体验与积累，以及对历史生活的分析、研究和认识，这一点对一个曲艺演员而言显得尤为重要。

二、中国传统戏曲

（一）中国传统戏曲的发展

中国戏曲起源于原始歌舞，是一种历史悠久的综合舞台艺术样式，经过汉、唐，到宋、金才形成比较完整的戏曲艺术。它由文学、音乐、舞蹈、美术、武术、杂技及表演艺术综合而成，与希腊悲剧和喜剧、印度梵剧并称为世界三大古老戏剧文化。中国各民族的戏曲剧种有三百多种，传统剧目数以万计，比较著名的戏曲种类包括昆曲、京剧、越剧、黄梅戏、评剧、豫剧、粤剧、川剧、秦腔、沪剧、河北梆子、湖南花鼓戏等。

唐朝文学艺术的繁荣促进了戏曲艺术的发展，诗歌的声律和叙事诗的成熟对戏曲产生了决定性影响，音乐舞蹈的昌盛为戏曲提供了最雄厚的表演唱腔基础，教坊梨园的专业性研究和正规化训练提高了艺人的艺术水平，加速了歌舞的戏剧化，产生了一批用歌舞来表现故事的戏曲剧目。

元朝是戏曲的繁荣时期，元杂剧在宋杂剧的基础上发展成一种新的戏剧，具备了戏剧的基本特点，标志着中国戏剧进入成熟的阶段。元朝出现了职业艺术和商业性的演出团体，诞生了一批反映市民生活的元杂剧，如关汉卿的《窦娥冤》、马致远的《汉宫秋》、纪君祥的《赵氏孤儿》、王实甫的《西厢记》等作品。元杂剧不仅是一种成熟的高级戏剧形态，还因其富于时代特色、具有艺术独创性而被视为一代文学的主流。元杂剧最初以大都（今北京）为中心，流行于北方，元灭南宋后，逐渐发展成全国性的剧种。

知识链接

《西厢记》

明朝时期，传奇作为戏剧形式产生并蓬勃发展。明代传奇的前身是宋元时代的南戏，南戏是在宋代杂剧的基础上与南方地区的曲调结合而发展起来的一种新兴的戏剧形式。它不受四折的限制，经过文人的加工和提高，把元杂剧这种本来不够严整的短小戏曲变成了相对完整的长篇剧作。明代传奇作家和剧本大量涌现，其中成就最大的是汤显祖。

汤显祖（1550—1616 年），字义仍，号海若、若士、清远道人，江西临川人，明代戏曲家、文学家。汤显祖在多方面的成就中以戏曲创作为最，其戏剧作品《牡丹亭》(《还魂记》)、《紫钗记》、《南柯记》和《邯郸记》合称“临川四梦”。《牡丹亭》是他的代表作。这些剧作不但为中国人民所喜爱，而且已传播到英、日、德、俄等国家，被视为世界戏剧艺术的珍品。

知识链接

《牡丹亭》

（二）中国传统戏曲形式概述

1. 昆曲艺术概述

昆曲早在元朝末期产生于苏州昆山一带，它与起源于浙江的海盐腔、余姚腔和起源于江西的弋阳腔一起被称为“明朝四大声腔”。昆曲原名昆腔，又称昆剧，是中国传统戏曲中最古老的剧种之一，也是中国传统文化艺术，特别是戏曲艺术中的珍品。2001 年 5 月 18 日，中国的昆曲艺术进入联合国教科文组织首批人类口头和非物质遗产代表作名录。

昆曲起初只是民间的清曲、小唱，开始只流传于苏州一带，后来以苏州为中心扩展到长江以南和钱塘江以北各地，于明朝万历末年传入北京。昆曲是明朝中叶至清朝中叶在戏曲中影响最大的声腔剧种，具有最完整的表演体系，是中国传统文化艺术高度发展的成果，在中国文学史、戏曲史、音乐史、舞蹈史上均占有重要的地位。很多剧种都是在昆曲的基础上发展起来的，因此，昆曲被称为“百戏之祖，百戏之师”。

昆曲行腔优美，以缠绵婉转、柔曼悠远见长。在演唱技巧上，昆曲注重声音的控制，节奏、速度的顿挫疾徐和咬字吐音讲究，并有“豁”“叠”“擞”“嚯”等腔法的区分以及各类角色的性格唱法。音乐的板式节拍，除了南曲“赠板”将四拍子的慢曲放慢外，无论南北曲都包括通常使用的三眼板、一眼板、流水板和散板。它们在实际演唱时自有许多变化，一切服从于戏情和角色应有的情绪。

早期昆曲属于南戏系统，继承了南戏的角色行当体制，同时兼收北杂剧之长，共有生、旦、净、末、丑、外、贴七行作为基础角色。早期作品《浣纱记》反映了昆曲初创时期的角色分行法，除遵循南戏的七行之外，还借鉴了元杂剧，增设小生、小旦、小末、小外、小净五行，共十二行。之后，昆曲的角色分工随着表演艺术的发展也越来越细致，在生、旦、净、末、丑五大行当之下又细分二十小行，称为“二十个家门”。曲牌是昆曲中最基本的演唱单位。昆曲的伴奏乐器以曲笛为主，辅以笙、箫、唢呐、三弦、琵琶等。

昆曲有独特的体系、风格，最大的特点是抒情性强、动作曼妙，歌唱与舞蹈的身段结合得巧妙而和谐。昆曲唱腔华丽婉转、念白儒雅、表演细腻、舞蹈飘逸，加上完美的舞台布景，可以说在戏曲表演的各个方面都达到了最高境界。正因如此，许多地方剧种，如晋剧、蒲剧、湘剧、川剧、赣剧、桂剧、越剧、闽剧等，都受到过昆曲艺术多方面的哺育和滋养。昆曲中的许多剧本，如《牡丹亭》《长生殿》《桃花扇》等，都是古代戏曲文学中的不朽之作。昆曲的曲文秉承了唐诗、宋词、元曲的文学传统，许多曲牌与宋词元曲相同，这为昆曲的发展打下了良好的文化基础，同时也造就了一大批昆曲作家和音乐家，梁辰鱼、汤显祖、洪昇、孔尚任、李渔等都是中国戏曲和文学史上的杰出代表。

14 世纪至 18 世纪是昆曲逐渐成熟并日趋鼎盛的时期，在此期间，昆曲一直以一种完美的表现方式向人们展示着世间的万般风情。富丽华美的演出氛围、字斟句酌的刻意追求，使得昆曲日益走向文雅的境地。在舞台演出的竞争中，昆曲的艺术元素为各种地方戏剧所吸收，促成了地方戏剧的繁荣和京剧的诞生。新兴的京剧继承了昆曲的部分剧目和曲牌，在很大程度上沿用了昆曲的行当和表演体制，同时克服了昆曲语言的局限性，从而赢得观众的喜爱，成为继昆曲之后重要的戏剧样式。

2. 京剧艺术概述

京剧是中国五大戏曲剧种之一，腔调以西皮、二黄为主，用胡琴和锣鼓等伴奏，被视为中国国粹。2010 年 11 月 16 日，中国的京剧艺术被列入联合国教科文组织人类非物质文化遗产代表作名录。京剧的前身是徽剧。清乾隆五十五年（1790 年）起，原在南方演出的三庆、四喜、和春、春台四大徽班进入北京，与来自湖北的汉调艺人合作，同时又接受了昆曲、秦腔的部分剧目、曲调和表演方法，通过不断的交流、融合，最终形成京剧。

京剧表演的四种艺术手法是唱、念、做、打，这也是京剧表演的四项基本功。唱是指歌唱，念是指具有音乐性的念白，做是指舞蹈化的形体动作，打是指武打和翻跌的技艺。

京剧行当的划分，除依据人物的自然属性（性别、年龄）和社会属性（身份、职业）外，主要是按人物的性格特征来分类，在化妆、服装各方面加以一定程度的艺术夸张，这样就把舞台上的角色划分成为生、旦、净、丑四种类型。这四种类型在京剧里的专门名词称作“行当”，各个行当都有一套表演程式，在唱、念、做、打的技艺上各具特色。

京剧脸谱的色画方法，基本上分为三类：揉脸、抹脸、勾脸。脸谱最初的作用，只是夸大剧中角色的五官部位和面部的纹理，用夸张的手法表现剧中人物的性格、心理和生理上的特征，以此来为整个戏剧的情节服务，可是发展到后来，脸谱由简到繁、由粗到细、由表及里、由浅到深，逐渐成为一种具有民族特色的、以人的面部为表现手段的图案艺术。一般情况下，京剧脸谱中：红脸含褒义，代表忠勇；黑脸为中性，代表猛智；蓝脸和绿脸也为中性，代表草莽英雄；黄脸和白脸含贬义，代表凶恶和奸诈；金脸和银脸含神秘，代表神妖。京剧伴奏乐器分打击乐器与管弦乐器。打击乐器有板、单皮鼓、大锣、小锣、铙钹等，管弦乐器有京胡、二胡、月琴、三弦等。

京剧形成伊始即迎来了发展繁盛期，涌现了一批优秀的京剧演员，深受宫廷喜爱，宫廷优厚的物质条件促进了京剧艺术的成熟。进入 20 世纪 20 年代，优秀的京剧演员层出不穷，这个时期也是京剧流派最多的时期。旦行的梅（兰芳）派、尚（小云）派、程（砚秋）派、荀（慧生）派，生行的余（叔岩）派、马（连良）派、麒（麟童）派，净行的金（少山）派、郝（寿辰）派、侯（喜瑞）派，丑行的萧（长华）派等流派拥有一批数量可观的剧目。

梅兰芳《贵妃醉酒》剧照

梅兰芳（1894—1961 年），出生于北京，祖籍江苏泰州，是中国京剧表演艺术大师。梅兰芳在五十余年的京剧舞台艺术中，发展和提高了京剧旦角的演唱和表演艺术，形成了一个具有独特风格的艺术流派，世称“梅派”。其代表作品有《贵妃醉酒》《天女散花》《宇宙锋》《打渔杀家》等。

知识链接

《贵妃醉酒》

3. 山西戏曲概述

山西是中国戏曲艺术的发祥地之一，被称为“戏曲摇篮”。汉代时山西大地就出现了戏曲萌芽；北宋年间，山西各地活跃着多种土戏——这些土戏是中国戏曲的雏形；元代时，山西成了全国戏曲艺术的中心，目前全国所发现的元代戏台基本都在山西（晋南）；至明代时，山西蒲州、陕西同州、河南陕州一带的民间艺人把北杂剧唱腔进行改革，演变出了“蒲州梆子”戏；蒲州梆子后分别与晋中、晋北、晋东南等地的土戏相结合，逐步形成了中路梆子、北路梆子、上党梆子。清朝中叶，中国戏曲开始了“花部”（即梆子戏）和“雅部”（即昆曲）之争，山西民间赛戏之风也盛行开来，大村镇往往同时邀请两个戏班演出，唱“对台戏”。1980 年普查显示，山西地方剧种达 54 个，占 300 多个剧种的 1/6。出现于明代的“蒲州梆子”逐步发展成为今天山西的四大剧种：晋剧、蒲剧、北路梆子和上党梆子，合称山西“四大梆子”。

（1）晋剧。

晋剧又称“山西中路梆子”“太原梆子”，新中国成立后定名晋剧，是山西的主要地方剧种。它流传在山西中部、河北北部以及内蒙古、陕北等广大地区。晋剧是于清代道光、咸丰年间，在晋中秧歌的基础上，吸收蒲剧、昆曲、河北梆子等剧种的元素，从而形成了自己的艺术风格，逐步发展并盛行起来的。它的唱腔既有梆子腔的激越粗犷，又圆润工细。晋剧经常用大段唱词来表现戏剧情节，用对唱代替对白。在板类上，其主要有四股眼、夹板、二性、流水，以及用来表现激昂情绪的介板和表现悲痛的滚白。它的每个行当各有不同的唱法，唱腔变化多端、丰富多彩。晋剧的许多技巧表演，如翎子功、鞭子功、梢子功（甩发）也是很有名的。抗日战争时期，在革命根据地一带，不少艺人曾演出新编历史剧和现代剧，为抗日战争服务。新中国成立后，晋剧出现了《打金枝》《蝴蝶杯》《刘胡兰》等许多经过整理的优秀传统剧目和新编剧目。

知识链接

《打金枝》

（2）蒲剧。

蒲剧又称蒲州梆子，也称“乱弹”“晋腔”“山陕梆子腔”等。清嘉庆、道光年间，蒲州梆子慢慢形成了南路、西路两个流派。南路派以芮城为中心，演唱风格大弯大调，基本不使用假嗓；西路派以蒲州为中心，演唱风格大都粗犷火爆，在特技上有一定功夫，且唱词较多，戏文通俗易懂，剧目丰实。蒲剧的音乐包括唱腔、曲牌和锣鼓三部分，剧目有本戏、折戏等 500 多个，以唱、做、念、打取胜的剧目均有。其经典曲目有《窦娥冤》《白蛇传》等。蒲剧在表演特技上主要有帽翅功、翎子功、髯口功、梢子功、椅子功、幡子功、跷功、扇子功等。

知识链接

《白蛇传》

（3）北路梆子。

北路梆子流行于晋北、内蒙古及冀西北地区，渊源于蒲州梆子，清同治、光绪年间即已盛；“七七事变”后，由于日寇入侵，班社解散，艺人改业，几乎濒于绝灭，至 1954 年山西第一届戏曲会演才恢复。北路梆子的唱腔、曲调、念白均同蒲剧相近，但音调更为高亢，富有塞外山野味。特别是它的“弯调”（即花腔），唱起来千变万化，婉转动听。其唱腔板式主要有慢板、夹板、二性、三性、垛板、流水板、介板、滚白等，流传至今的剧目有传统戏《王宝钏》《血手印》、现代戏《段家湾》等。北路梆子擅长大段演唱，每句基本遵循弱起强落的规律；由于按字行腔和依情演唱，听来变化多端，绝不单调。

知识链接

《王宝钏》

（4）上党梆子。

上党梆子由于其产生并主要流传于秦汉时期的上党地区而得名。关于上党梆子的起源，说法很多，一般认为它形成于泽州府（今山西晋城）。其虽名为梆子，实为昆（昆曲）、梆（梆子）、罗（罗罗腔）、卷（卷戏）、簧（皮簧）5 种声腔同台演出的剧种。在其形成过程中曾受到蒲剧的影响，但与以上三大梆子迥然不同。上党梆子经过历代艺人的探索、创造，形成了一套独特的表演程式和艺术风格。20 世纪 80 年代，上党梆子异军突起，涌出《杀妻》《借粮》《两地家书》《沁岭花开》《申纪兰》等一批新鲜剧目，并在表演、音乐、舞台等方面有所创新，使上党梆子在保持原剧种特色的基础上更加抒情、动人，受到观众的喜爱。

知识链接

《沁岭花开》

山西戏剧探索与成功的经验分析

任务五　恢宏建筑

微课堂

中国悠久的历史创造了灿烂的文化，古建筑更是其重要组成部分。中国古代涌现出许多建筑大师，营造了许许多多传世的宫殿、陵墓、庙宇、园林、民宅……中国古代建筑不仅可以作为现代建筑设计的借鉴，而且产生了世界性的影响，成为举世瞩目的文化遗产。建筑这一艺术形式不仅可以为人们遮风避雨，而且承载着人们对美好生活的期望，同时也是人类文化最鲜明而生动的体现之一。

作为时代精神的镜子，建筑艺术总是以直观形象的方式反映出一定的社会意识形态和深刻的历史文化内涵。正如苏联美学家鲍列夫所说："人们惯于把建筑称作世界的编年史，当歌曲和传说都已沉寂，已无任何东西能使人们回想一去不返的古代民族时，只有建筑还在说话。在'石书'的篇页上记载着人类历史的时代。"

一、古代城池

在传统建筑中，城市建筑是最重要的一类。这不但因为早期的城市是奴隶主贵族立国的标志，还因为后来的城市一直是封建社会的各级统治中心。中国在什么时候出现的城市？古籍记载有说神农始作城的，也有说黄帝始作城的，也有说"夏鲧作城"或"禹作城郭"的。从近年来的考古成果得知，中国的造城时代非常早，1979年，在湖南省北部的澧县发现了距今6 000多年的城头山古文化遗址，其古城址保存完整，城区面积达8.8万平方米，城墙外有宽阔的护城河，是迄今为止中国已知年代最早的古城址。此外，河南郑州西山城址距今已有5 300多年，是中原地区已知最早的古城址；在传说中的伏羲建都的陈（今河南省淮阳县），发现了一座龙山文化时期的平粮台古城址，经测定，距今已有4 000余年。

古代的城市叫作"城池"。"城池"二字体现了古代城市的建筑设计思想。"城"指城墙；"池"指城外环绕城墙的河池，称"护城河"。这种设计可以看作封闭式的防御性设计。在氏族社会，它是为了保护本部落的成员不受侵扰；在奴隶社会则是为了保护奴隶主贵族的安全；在封建社会是为了保护各级封建政权的合法地位。为此，要求城市的建设要"固若金汤"，即所谓"金城汤池"。目前考古发现的古城遗址和保存完好的城池很多，它们都是很有价值的文化遗存。如近年在河南省偃师市发现的商代早期都城遗址，是迄今发现的年代最早、规模最大、保存最好的古代都城遗址。据研究，它可能是商汤建国后的第一个都城“西亳”，城址大体成长方形，东西宽 1 200 米，南北长 1 700 米。城墙用夯土筑成，厚约 18 米，有的地方残高尚有 1~2 米。现已找到七座城门和若干纵横交错的大道，还有三座大型宫殿遗址。另一处重大发现是位于陕西省凤翔县的春秋时期的秦国都城“雍城遗址”。雍城南北长 3 200 米，东西宽 3 300 米，总面积达十余平方千米。

我国历史上最大的古城是隋大兴城（后名唐长安城），全城面积为 84.1 平方千米，约为现存西安古城（明代建）的 7.5 倍以上。隋大兴城建于开皇二年（582 年），总设计师是宇文恺。唐朝建立后，沿袭旧制，改名“长安”。全城由郭城、皇城和宫城三部分组成。东、西、南、北四面各开三个城门，其中以南边正中的“明德门”为最大，是全城的正门。城内划分为 108 个里坊（唐代增至 110 个）和都会（东市）、利人（西市）两个市场，有 11 条南北向大街、14 条东西向大街，其中六条主干道宽 100 米以上，由皇城朱雀门通往明德门的朱雀大街宽达 150 米，其宏伟规模反映了隋唐时代的兴盛气象。

明清的北京是封建社会后期全国最大的城市，那时面积达 60.2 平方千米。它是在忽必烈所建元“大都城”的基础上改建而成的。旧时北京，外城、内城、宫城有三道护城河。全城有两条与中轴线平行的干道。由于明清商业经济的发展，城内街巷通常以集中的行业命名，如羊市、马市、米市、花市、珠市等。

现在地方上保留的城池还有不少，现存面积最大的是明代建筑的西安城，大体相当于唐代长安城的皇城，城外环河，四面设门，门外又建一座瓮城。这种布局在北方府县城市建筑中很有代表性。

西安古城一角

山西省平遥古城，明代初年建，周长 6.4 千米，呈正方形，外环护城河，辟六门，东、西各二，南、北各一，城内市井街道仍如明代形制，是我国保存最为完好的四大古城之一。作为晚清时期中国金融中心，古城内处处可以感受到晋商文化气息。古城街道呈“土”形。登上平遥古城墙，可以俯瞰古城全貌。

平遥古城一角

二、宫殿建筑

宫殿是随着封建中央集权制度的建立而成为帝王居住和施政的专用场所的。在此之前，宫、室、殿、堂都是指居住的房屋，只是居住的位置和大小有所不同而已。“宫室”是房屋的通称。《周易 · 系辞》云：“上古穴居而野处，后世圣人易之以宫室。”古时房屋分前后两部分，前边称“堂”，后边称“室”，所以成语说“登堂入室”。“殿”与“堂”同义，多指高大的正房。秦汉以后，宫殿成为帝王专用房屋的名称，后来也用作宗教建筑名称。这里，我们主要讨论帝王享用的宫殿。

从考古发掘可知，远在奴隶社会，供奴隶主居住和使用的房屋的规模就比较大。到中央集权制度形成以后，为了显示帝王至高无上的地位和领有天下的威严，宫殿的建筑设计特别追求高大、雄伟、壮丽。它反映了唯我独尊的文化心理，适应了统治万民的政治需要。如秦始皇嫌原来的“咸阳宫”狭小，驱使 70 万人新建一座“朝宫”，到他死前只建成一座前殿，这便是后世所说的“阿房宫”。史载这一座前殿“东西五百步，南北五十丈，上可坐万人，下可建五丈旗”，后经秦二世继续营建，成为“五步一楼，十步一阁”的壮丽宫殿。可惜，项羽入关后，阿房宫被付之一炬。今西安市郊区阿房村尚留前殿遗址，约略可见当年的宏伟规模。

刘邦定都长安，开始住在由秦代旧宫改建的“长乐宫”，命萧何监造新宫。据文献记载，萧何建造的未央宫由 40 多座殿堂组成，周长达 11 千米。刘邦见如此豪华壮丽，故意发怒："天下匈匈，劳苦数岁，成败未可知，是何治宫室过度也？"萧何说："天子以四海为家，非壮丽无以重威，且无令后世有以加也。"刘邦听了转怒为喜，高高兴兴地搬进了未央宫。到汉武帝时，又在未央宫以西建造了一座更加宏丽的建章宫，宫内殿阁林立、千门万户。长乐宫、未央宫、建章宫，合称"汉三宫"。近年来，考古工作者对未央宫遗址进行了发掘，出土了许多文物，证明它是明清以前中国古代最大的宫殿，累计使用达 360 多年。

"唐三宫"指"太极宫""大明宫""兴庆宫"。北宋的宫殿在汴梁（今开封市），南宋的宫殿在临安（今杭州市），金、元的宫殿主要在幽州（今北京市）。明太祖朱元璋即位后，建都南京，首先在钟山之下建了一座宫城，即南京皇宫，而后，又以其故乡临濠（今安徽省凤阳县）为陪都，于洪武五年（1372 年）用 14 万军士、民工营建中都城，其雄伟壮丽，要远胜于南京皇宫和今天的北京故宫，但六年以后又宣布罢建。

北京故宫的设计完全按照君权的至高无上和绝对权威来安排各种建筑，使它成为一个主次分明、尊卑有序而又和谐统一的整体。它总的结构承袭古制，采用"前朝后寝"的布局，即"外朝"三大殿（太和、中和、保和）为朝会施政之所，以空旷衬托宫殿的雄伟高大，立于殿外，大有皇权威严和个人卑微之感；"内廷"后三宫（乾清宫、交泰殿、坤宁宫）为帝后居所，清雍正以后在此处理日常政务。东西六宫，街巷纵横，院落分明，以密集的格局适应起居需要，显示生活情趣。

中国封建时代的宫殿建筑有极为严格的等级规定，其中以殿顶形式及其装饰表现得最为突出。中国建筑的殿堂（包括宗教殿堂）都采用大屋顶，主要形式有悬山、硬山、庑殿、歇山、卷棚、攒尖六种。其中庑殿顶是四坡屋面，相交处构成一条正脊和四条斜脊，屋檐屋角向上翘起，屋面略略弯曲。歇山顶是两坡和四坡相结合的形式，有一条正脊、四条垂脊和四条戗脊。在发展过程中，重檐庑殿顶演变为一种最尊贵的形式，只有皇家宫殿和一些特许的建筑物的主殿才能采用，如北京故宫太和殿、乾清宫、太庙主殿都取这一形式。其次为歇山顶，多用于城楼和门楼建筑，如天安门城楼即取这一形式。其他殿顶则普通民家也可采用。

中国建筑的殿顶装饰也很讲究，那些各式各样的动物统称为"吻兽"或"瑞兽"。吻兽的数量表明宫殿的等级，一般以单数排列，最多为九个，故宫太和殿破例为十个。正脊两端有一对吻兽，叫"鸱吻"。从封建社会的文化心理来看，置鸱吻是为了避火灭灾。至于四条屋脊上的小动物，第一个是骑凤仙人，之后依次为龙、凤（象征和谐祥瑞）、狮子（象征勇猛）、天马（象征吉祥）、海马、狻猊（象征刚勇）、狎鱼（可以灭火）、獬豸（象征正义）、斗牛（可以灭火）、行什（即猴子），除仙人外共十个，象征吉祥安定、灭火消灾、主持正义、剪除邪恶，也是文化心理的一种反映。除太和殿外，其他殿顶的吻兽数目都按等级减少。

故宫吻兽

知识链接

永乐宫

三、各地民居

住宅是所有建筑物中出现最早、使用最多的建筑类型，因而也是最基本的一种建筑类型。由于我国地域辽阔、民族众多，因此根据不同的地理气候条件和生活方式形成了各种不同风格和不同形式的住宅，现在各地留存的古代民居大都是明清时期的建筑，以其形式和种类繁多为世界各国学者所瞩目。这里简略介绍三种。

（一）徽派民宅

徽派民宅分布于安徽省南部的歙县、绩溪、屯溪、黟县等地。这些徽派民宅的基本格局以三开间或五开间的二层小楼为正房，一侧或两侧配以厢房，用高大围墙包绕，形成一个狭小的庭院和天井。比较大的住宅可以是两个、三个或多个庭院，堂前屋后设置花坛盆景，院内布置水池。在面对天井的楼上设置栏板和带有扶手的座椅，俗称“美人靠”，供宅主和家眷观赏风景。各处梁柱、栏板都有精美雕刻，如同一个艺术世界，但厅堂内却不用天花板，室内其他木结构也不雕饰，显出自然之美。目前在黟县西递村仍保存着古宅 300 多座，其中较完整的仍有 120 余座，层楼迭院，高低错落，雕梁画栋，各具风采，被誉为“古民居博物馆”。

（二）苏杭官商大宅

苏杭一带，旧时为江南经济文化中心，是官僚、富商麇集之地。他们的住宅反映了这一地区的建筑水平，代表了这一地区的建筑风格，其基本特点是庭院与园林相结合，基本格局采用纵深几进的院落式，小的一条轴线三进，大的两三条轴线五进。在中轴线上一般为照壁、大门（取门厅式）、轿厅（不设门窗，全部敞开，两侧为账房和家塾）、大厅（举办喜庆典礼之处）、正房（主人住室，有的为楼房），中轴线两侧则布置花厅（主人宴饮、听曲之处）、书房、小花园、戏台以及其他用房。花厅建筑大都临近水池，采取四面无倚的开放形式或一面开放的船厅形式。各进之间的交通，不必经正中门厅，而在两侧另开甬道，狭长阴暗，称为“避弄”。屋顶多用硬山顶，或山墙高于屋面之上，构成封火墙。整个建筑色调淡雅。

（三）北方四合院

北方四合院以北京四合院为代表。它的布局不但体现了封建宗法制度对住宅的影响，同时也反映了北方住宅对尺度与空间的安排已达到比较高的水平。它的建筑特点是对外隔绝，形成一个封闭性的小天地，对内严格区别尊卑，构成小与大、内与外的几进庭院，在布局上讲究中正对称、正南正北。大门的方位一般南向，位于整个住宅的东南。地位高的人家，大门采用屋宇式（有门屋），地位低的人家采用墙垣式（无门屋）。大门外设照壁，入门迎面设影壁，影壁前置石台花盆。入门折西，则为前院，院子很浅，房屋倒座，用作门房、客房，还有隅角杂物小院。前院与里院以门隔开，外人不得进入。门设于中轴线上，常用“垂花门”形式，即四角檐柱不落地，悬于半空，如花下垂。里院由正房和两侧耳房、东西厢房构成长方形庭院，是院主人一家生活起居的天地，其中正房由长辈居住，厢房由晚辈居住。院中栽花种树、养鱼养鸟，营造出人与自然和谐相处的氛围。正房以北有时另辟小院，布置厨房、仓库及仆役住室，称为“后罩房”。整个建筑除贵族府第可以用琉璃瓦、彩画、朱红大门外，一般四合院都用青灰色砖瓦，色调朴素淡雅，与皇家建筑形成鲜明对照。

北京四合院

简单的四合院仅里外两个院落；大的四合院是纵横院落，形成纵深几进、两侧跨院的格局。不论院落有多少进，正房和垂花门都在中轴线上。北京的胡同南北距离有限，只能容纳四五进的四合院，因此大型住宅往往要另择地段以便布置园林。北京现存的许多王府建筑就是如此。

此外，引人注目的民居还有山西晋商的一些院落住宅，集中于晋中一带，是由许多大小四合院组成的大型院落。这些院落规模宏大、建筑精美、风格独特，有着深厚的文化意蕴，在中国传统建筑中显示出夺目的光彩，近年来日益引起中外人士的浓厚兴趣，前往参观者络绎不绝。其中如祁县的乔家大院（又名在中堂）和渠家大院、太谷县的曹家大院（又名三多堂）、平遥的日昇昌大院、灵石的王家大院、榆次的常家大院等均可称为“北方民居建筑中的明珠”。

乔家大院

知识链接

我国各地区的居住习俗

经典赏析

晋祠鱼沼飞梁

代县边靖楼

扫一扫

任务六　精美器物

一、玉器

玉是一种质地细密、温润光洁的“美石”，以玉制成的物品称为玉器。由玉器所蕴含的观赏、寓意和审美而形成的独特文化及文化现象，被称为玉文化。中国玉文化的起源可以上溯至新石器时代中晚期。六七千年前，中国先祖就开始开发利用玉石。玉器蕴藏着深刻的中国传统哲学思想和人生理想，有着深厚的文化底蕴。

玉器

（一）玉文化的演变

中国玉文化发展大体经历了神玉、官玉、民玉三大历史时期。

1. 神玉时期

在古代，人们认为玉是人与神明沟通的载体，因此，人们把玉制成了礼器，用来进行各种各样的祭祀、祈福。玉被视为圣物，受到人们的尊崇和膜拜。汉代时，人们认为玉能使尸身不腐，所以玉器被用于丧葬，如玉衣、玉握和琀蝉等。

2. 官玉时期

从春秋到汉初，玉被看成官员或上层阶级的标志，体现着等级差别。比如从秦朝开始，皇帝以玉为玺，一直沿袭到清朝；又如唐代，明确规定了官员用玉的制度，三品以上的官员可按官级被授予不同玉质的玉带，玉成为官阶的象征。

3. 民玉时期

唐代开始，玉逐步进入实用器的阶段，玉器也逐渐在民间流传，而不再是王公贵族的专属。元代至清代是我国玉文化发展的高峰，人们不再仅仅停留在对玉器的欣赏上，还把玉作为收藏品。然而，元代至清代真正拥有玉的也只能是达官显贵或巨贾，直到 20 世纪 80 年代初，玉才结束了几千年来被垄断和管制的状态，真正走入寻常百姓家。

（二）中国四大名玉

中国四大名玉指和田玉、蓝田玉、独山玉和岫玉。

1. 和田玉

秦始皇统一中国时，和田玉被称为“昆山之玉”，以后又因位于“于阗国”而被称为“于阗玉”。和田玉并非特指新疆和田地区出产的玉，而是一类产品的名称。我国把透闪石成分占 98% 以上的石头都命名为和田玉。从殷商开始，以和田玉为主体的玉器工艺美术登上了华夏民族的玉坛，才出现了称誉世界的“东方艺术”，形成了一部波澜壮阔的中国玉器史，成为中华民族灿烂文化的重要组成部分，同时也是人类艺术史上的辉煌成就和世界文化艺术宝库的珍贵遗产。

和田玉

2. 蓝田玉

蓝田玉主要产于陕西蓝田。历代文人墨客对蓝田玉多有赞誉，唐朝诗人李商隐的诗句“沧海月明珠有泪，蓝田日暖玉生烟”，更是成就了蓝田玉的千古美名。蓝田玉质地坚硬、色彩斑斓、光泽温润、纹理细密，往往一玉多色，乳白、青、黄、红诸色错杂，是制作工艺美术品的良好原料。

3. 独山玉

独山玉产于河南南阳的独山，有南阳翡翠之称。独山玉坚韧微密，细腻温润，色泽斑驳陆离，绿、蓝、黄、墨、红、白暗合天地东南西北六方，其考古最早可追溯至新石器中晚期，距今约六七千年。夏、商、周文明起源时，因南阳核心地缘关系，奠定其国家玉料中心的历史地位。周礼以玉制六瑞之苍璧礼天、黄琮礼地、青圭礼东、白琥礼西、赤璋礼南、玄璜礼北，丰富的玉色非独山莫属。到了汉唐，独山玉又成为文人、士大夫们寄情于物、附庸风雅的载体，据称那句“洛阳亲友如相问，一片冰心在玉壶”中提到的玉壶，即是用晶莹剔透的独山玉所制。在中国玉文化发展史上，独山玉占有极其重要的地位，可以说，“一部独山玉史，半部中华玉史”。

4. 岫玉

岫玉主要产于辽宁省鞍山市岫岩满族自治县。岫玉质地温润、细腻、性坚、透明度好，且为历代所重视。中国对岫玉的认识和开发利用有着悠久的历史，在距今6 800～7 200年的辽宁沈阳新乐文化遗址就出土有用岫玉制作的刻刀，主要发现于辽宁朝阳和内蒙古赤峰一带、距今约5 000年的红山文化遗址也出土有用岫玉制作的手镯等。

二、青铜器

中国青铜文化起源于史前时期，商周时期是中国青铜器极度兴盛的时期，也可以说是中国古代青铜文化最辉煌的时期。这一时期的青铜制品不但数量众多、制作精良，而且品种丰富、形制瑰异、花纹繁缛、富丽堂皇。鉴于青铜器坚实、厚重和耐用，商周的奴隶主贵族把它用于祭祀和宴饮，借以表达当时人们对神灵的敬畏，显示统治者的威严和高贵。商代前期，青铜器以酒器为主，体量轻薄，纹饰简单；到商代后期和西周前期，成套的礼器和乐器多了起来，造型也变得厚重华丽，而且出现了简单的铭文，也就是人们所称的“金文”；周中期至春秋中期，食器的比重逐渐增加，造型风格趋于简朴，纹饰以粗线条为主，其上有记载史实的长篇铭文，内容涉及军事、政治、经济、文化、宗教等各方面，成为珍贵的历史资料，是研讨中国古代历史文化的重要依据，也是商周青铜器的历史价值所在。

商周时期的青铜器主要分为礼器、乐器、兵器和杂器，礼器又分食器、酒器和水器。各种器物都依据用途和等级限定有不同的造型和名称，如食器有鼎、簋、鬲、敦、铺等，酒器有爵、觚、觯、角、彝、壶、樽等，水器有盘、盂、盆等，乐器有铙、钲、钟，兵器有戈、矛、钺、刀、剑等。礼器和乐器不能在一般的生活场合使用，而必须陈设在庙堂用于祭祀，或者用于宴飨、盥洗，因此非常神圣与隆重。这里介绍一下人们较常接触的几种青铜器。

（一）鼎

鼎，用以烹饪的器具，常于祭祀或典礼时炖煮和盛放猪牛羊肉等食物，在商周时期成了象征统治权威的国家重器。据传大禹立国之前，曾经铸造九鼎以象征九州，并在上面镌刻魑魅魍魉的图形以警戒世人。鼎由此成为立国与传国的重器，后来的奴隶主贵族便用它来“别上下、明贵贱”。史载西周“天子九鼎，诸侯七鼎，卿大夫五鼎，士三鼎或一鼎”。鼎的基本形式有圆形三足两耳的，有方形四足两耳的，也有其他形状的。鼎的纹饰一般装饰在口沿下、腹部和足部，铭文则多铸在器体内。

中国最早的青铜鼎发现于河南偃师二里头遗址，历经西汉，乃至魏晋，是用时最长、变化最大的青铜器。迄今出土的最大的青铜鼎是1939年在河南省安阳市发现的“后母戊鼎”（原称“司母戊鼎”）。此鼎器型高大厚重，气势雄伟，纹饰华丽，工艺高超。鼎腹长方形，鼎足四根圆柱形，鼎高1. 33米、重达832.84千克，是目前世界上发现的最大的青铜器。

后母戊鼎

知识链接

问鼎中原

（二）簋

簋是盛放食物的器具。古人在宴饮时席地而坐，簋即置于席上，所以簋的下面多附有三足、四足或方座。它自商代开始出现，一直延续到战国时期。簋造型多样，变化复杂，有圆体、方体或上圆下方，两边有耳或环，常与鼎搭配使用。在西周时期，使用铜簋有严格的等级规定，与鼎搭配，以偶数出现，如天子九鼎八簋、诸侯七鼎六簋、大夫五鼎四簋、士三鼎二簋。已经出土的簋很多，各地博物馆都有藏品。如 1981 年在陕西省宝鸡市出土的西周弓鱼伯簋，下部即为一个方座。1993 年在河南省平顶山市出土的“乍伯簋”，器内底部铭文有 70 余字，记述周王命南宫率人进行了一次射箭技艺比赛的活动，乍伯用所获赏赐作器以纪念先祖周公。

（三）尊与彝

尊与彝都是盛酒器，盛行于商代至西周，春秋以后少见。金文中“尊”“彝”两字联用，统指祭祀用的青铜礼器。宋代以后把大型或中型广口的圆形或方形盛酒器称为“尊”，而把形体为方形、盖为屋顶形、下边有圈足的盛酒器称为“方彝”。商晚期至西周早期有方形尊和觚形尊，也有模拟鸟兽形状的尊，如鸟尊、羊尊、牛尊、虎尊等。如 1938 年在湖南宁乡出土的商代晚期四羊方尊，是中国现存商代青铜器中最大的方尊。尊高 58.3 厘米，重近 34.5 千克。它的四面铸有四只羊，造型精美绝伦。1923 年在山西省浑源县出土的“牺尊”，是一件牛形器皿，现为上海博物馆的镇馆之宝。

（四）青铜剑

兵器中人们最熟悉的是青铜剑。迄今所知最早的青铜剑约出现在商代早期，发现于内蒙古自治区伊金霍洛旗，名为“鄂尔多斯直柄匕首式青铜短剑”。随着商周礼乐制度的建立，剑的配备有了限定。至春秋战国时代，剑已成为步兵的主要武器，而此时的铸剑技术已达高峰，史书所记的欧冶子、干将、莫邪都是当时的铸剑名匠。如越国人欧冶子，曾为越王铸“湛卢”“纯钩”“胜邪”“鱼肠”“巨阙”五剑，据说都可削铁如泥。吴国刺客专诸刺杀吴王的剑正是“鱼肠剑”。吴国人干将、莫邪夫妇为楚王（或说吴王）所铸之剑则称“干将剑”和“莫邪剑”。1965 年湖北江陵望山 1 号墓中出土了“越王勾践剑”。剑长 55.7 厘米，柄长 8.4 厘米，剑宽 4.6 厘米，剑身上装饰着菱形花纹，并镌有八个错金鸟篆体铭文。剑主人为“鸠浅”，即“卧薪尝胆”的越王勾践。这把剑发现时依然锋刃锐利。

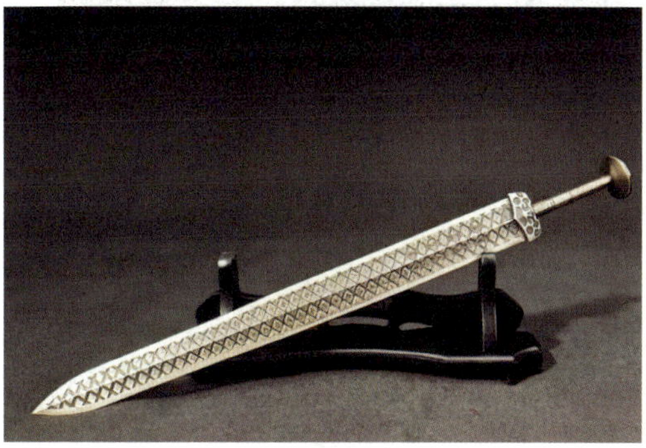

越王勾践剑

三、瓷器

我国是世界上最早发明瓷器的国家，也是瓷器制作技艺最早成熟的国家。精美绝伦的瓷器自隋唐以后不断地输出到世界各地，特别是 17 世纪大量销往欧洲之后，“瓷国”的美誉便冠给了中国。因此，把瓷器作为中国文化的闪亮符号，一点也不为过。

中国瓷器的前身是“原始青瓷”，它是由陶器向瓷器过渡的产物，在全国各地都有发现，烧制窑址在浙江省发现多处。从它的胎骨、施釉和火候来看，已基本上具备了早期瓷器的特征，但是加工还不够精细，火候控制还不够成熟，产品质量还比较差。最早的原始青瓷在龙山文化时期已经出现，距今有 4 000 多年的历史。原始青瓷经过漫长的发展，到东汉时期成熟，成为真正的瓷器，而且最早是在中国的南方开始的。从三国到魏晋南北朝，瓷器烧制发展迅速，今江苏、江西、福建、湖南、四川等地都有窑场出现，但以越窑（主要遗址在今浙江省慈溪市上林湖和杜湖滨湖地区）为代表的南方青瓷生产仍然处于领先地位。

隋唐两代，随着国家统一和经济繁荣，制瓷业进入了一个新的时期，重要窑场已出现在大江南北，白瓷生产已相当成熟，从而形成了“南青北白”的生产格局。唐代烧造的白瓷胎釉白净，如银似雪，标志着白瓷的真正成熟。目前已发现的河北、河南、山西、陕西、安徽等地的古窑都曾烧制过白瓷。其中河北的“邢窑白瓷”（窑址在河北省内丘、临城两县境内）成为风靡一时的名瓷，与越窑青瓷分别代表了北方瓷业与南方瓷业的最高水平。值得一提的是众所周知的“唐三彩”，它虽然属于低温烧制的陶器，但伴随着盛唐气象而出现，色泽鲜明亮丽，造型生动逼真，显示了盛唐文化的韵律，理所当然地成为中国古代陶瓷的精品。

唐三彩

宋代是中国瓷器发展史上的繁荣阶段，在唐代的基础上各地瓷业竞相发展，不断创新，制瓷工艺继续改进。因自然条件与民风习俗不同，当时形成了六大窑系：北方地区的定窑系、耀州窑系（今属陕西省铜川市）、钧窑系、磁州窑系（在今河北省磁县），南方地区的龙泉青瓷系和景德镇的青白瓷系，出现了“定、汝、官、哥、钧”五大名窑。

元代瓷器承前启后，北方瓷窑因战争破坏而走向衰败，南方的龙泉窑（在今浙江省龙泉市）和景德镇窑却进一步发展，特别是景德镇窑相继烧制出青花、釉里红和颜色釉，使景德镇在全国制瓷业中的地位大大提升。元朝政府专门在景德镇设立“浮梁瓷局”，直接管理瓷器生产，这就为景德镇日后成为中国的“瓷都”奠定了基础，而景德镇生产的青花瓷也逐渐发展成为中国瓷器的主流产品。

山西瓷器

山西毗邻历史上瓷业发达的冀、豫、陕三地，虽深受邻省影响，但不乏开创性贡献，如介休窑北宋创烧的白地黑花，引发了晋、冀、豫此类装饰在金代的大流行。三晋窑工在博采众长的同时尤为注重重塑自身工艺与文化特色，自成一格。

据洪山镇《源神庙碑》载：介休洪山窑至迟在宋大中祥符元年（1008 年）已窑火初燃。该窑细白瓷的透明度、白度明显高于定窑，宋白瓷中无出其右者。印花白瓷受定窑影响，多见小件盏盘、花球饰品，装饰菊瓣、缠枝菊花及婴戏牡丹等图案。碗、盘类的瓷质支钉垫烧工艺，堪称解决瓷器美观与产量矛盾的绝妙发明，是山西窑工的独特贡献；黑、黄褐釉印花碗、盘等，涩圈叠烧，以婴戏荡船纹最富特色。北宋还生产黑釉、白釉划花、剔花、镂雕、釉下黑彩划花及釉下黑、赭花等。北宋已创烧优质成熟的白地黑花产品，开白地黑花装饰之先河。釉下黑、赭花产品，深浅赭、黑褐等色施于洁白化妆土上，用料有凸起感，别具一格。其中白地黑、赭花划花装饰，工艺考究，为该窑绝精之作。北宋产品辐射很广，凭借黄河销往河南，甚至远销至辽上京、中京一带。金代介休窑则穿越黄河古渡，远销陕北地区。

珐华器是“山西三宝”之一。所谓珐华，又称法花、粉花，是一种低温釉陶的陶瓷装饰技术。相传其烧于元代，盛于明代，清代过后就极为少见。珐华创烧于山西，最主要的产地位于山西的蒲州、平阳、霍州等晋南地区，出产的珐华器多是一些花瓶、香炉、佛像等陈设。珐华艺术独具地方特色，纹饰多见花鸟、云龙、人物等，最大的特点就是色彩丰富，绿、黄、白、紫、黑等每一样都色泽鲜亮、历久弥新。

山西珐华器

进入明清两代，中国的瓷器生产达到鼎盛，产品的数量之大和质量之高均前所未有。由于明代的社会经济出现了资本主义因素，市场对瓷器生产的需求增加，各地工匠和制瓷高手纷纷涌向日益繁荣的景德镇，形成了“工匠八方来，器成天下走”的局面。于是景德镇的制瓷业突飞猛进，景德镇也很快发展成为全国的瓷业中心，最终确立了它作为“中国瓷都”的地位。

景德镇瓷器

经典赏析

三星堆遗址

白釉镂空熏炉

扫一扫

微课堂

任务七 剪纸艺术

中国剪纸是一种用剪刀或刻刀在纸上剪刻花纹，用于装点生活或配合其他民俗活动的民间艺术。在我国，剪纸具有广泛的群众基础，交融于各族人民的社会生活，是各种民俗活动的重要组成部分，其传承赓续的视觉形象和造型格式，蕴含了丰富的历史文化信息，表达了广大民众的社会认知、道德观念、实践经验、生活理想和审美情趣，具有认知、教化、表意、抒情、娱乐、交往等多重社会价值。

2006 年 5 月 20 日，剪纸艺术遗产经国务院批准列入第一批国家级非物质文化遗产名录。在 2009 年 9 月 28 日至 10 月 2 日举行的联合国教科文组织保护非物质文化遗产政府间委员会第四次会议上，我国申报的中国剪纸项目入选“人类非物质文化遗产代表作名录”。

剪纸是民族文化艺术中一枝绚丽的奇葩，是民间艺人智慧的结晶。它丰富了人们的生活，满足了人们的审美需求，以独特的艺术魅力、浓郁的地方风情、纯朴的艺术形式在民族的艺术长河中不断发展着，始终保持着旺盛的艺术生命力。人们把生活比作一棵常青树，这剪刀下的艺术便是常青树上的花和果。民间剪纸扎根于民间、流传于民间，土生土长，土香土色，永远散发着艺术的芬芳。

一、剪纸的发展

（一）先唐

纸的发明是在西汉时代，在此之前是不可能有剪纸艺术出现的，但当时人们运用薄片材料通过镂空雕刻的技法制成工艺品，早在未出现纸时就已流行，即以雕、镂、剔、刻、剪的技法在金箔、皮革、绢帛甚至在树叶上剪刻纹样。《史记》中的剪桐封弟记述了西周初期周成王用梧桐叶剪成“圭”赐其弟，封姬虞到唐为侯。战国时期就有皮革镂花（湖北江凌望山一号楚墓出土文物之一）、银箔镂空刻花（河南辉县固围村战国遗址出土文物之一），都与剪纸同出一辙。它们的出现都为民间剪纸的形成奠定了一定的基础。

南北朝时期《木兰辞》中有“对镜贴花黄”的诗句。我国目前发现最早的剪纸作品是新疆吐鲁番火焰山附近出土的北朝时期五幅团花剪纸。该剪纸采用的是重复折叠的方式和形象互不遮挡的处理手法。

北朝对马团花剪纸（左为残片，右为复原图）

（二）唐代

唐代菩萨立像

唐代剪纸已处于大发展时期，杜甫《彭衙行》诗中有“暖汤濯我足，翦纸招我魂”的句子，可见以剪纸招魂的风俗当时就已流传民间。

唐代流行缬，其镂花木版纹样具有剪纸特色，如现藏日本正仓院的“对羊”，其羊的纹样就是典型的剪纸手工艺术表现手法。唐代民间还出现了利用剪纸形式制作的漏版印花，人们用厚纸雕刻成印花版，将染料漏印到布匹上，形成美丽的图案。

在敦煌莫高窟也出土过唐代及五代的剪纸，如《双鹿与塔》《群塔与鹿》《佛塔》等都属于“功德花纸”一类，主要用来敬供佛像、装饰殿堂和道场，其画面构图复杂，有具体的内容。另外还有《菩萨立像》《持幡菩萨立像》等水墨画镂空剪纸，是剪纸与绘画相结合的作品。

（三）宋代

南宋时期已经出现了以剪纸为职业的行业艺人。据宋人周密《武林旧事》记载，此时杭州的“小经纪”多达上百种，其中就有“剪镞花样”者，有的善剪“诸家书字”，有的专剪“诸色花样”。

宋代造纸业成熟，纸品名目繁多，为剪纸的普及提供了条件。当时出现了作为民间礼品的“礼花”，贴于窗上的“窗花”，或用于灯彩、茶盏的装饰。宋代民间剪纸的运用范围逐渐扩大，江西吉州窑将剪纸作为陶瓷的花样，通过上釉、烧制使陶瓷更加精美。民间还采用剪纸的形式，用驴、牛、马、羊等动物的皮雕刻成皮影戏的人物造型。蓝印花布工艺制作的镂花制版是用油纸板雕镂成纹，刮浆印花的花版纹样就是采用剪纸的技法，有阴、阳刻之分，长线要割断，以点分虚实。

宋代吉州窑剪纸贴花方块盏

（四）明清

明清时期，剪纸手工艺术走向成熟，并达到鼎盛时期。民间剪纸手工艺术的运用范围更为广泛，举凡民间灯彩上的花饰、扇面上的纹饰以及刺绣的花样等，无一不是利用剪纸作为装饰再加工的。而更多的是民间常常将剪纸作为装饰家居的饰物，美化居家环境，如门笺、窗花、柜花、喜花、顶棚花等都是用来装饰门窗、房间的剪纸作品。

清代剪纸《鸭子戏莲》

剪纸艺术虽然来自民间，但到清代已经成为全民性的艺术，就连当时的皇亲国戚都离不开剪纸。北京故宫的坤宁宫是清代皇帝结婚时的洞房，宫殿前后窗的窗纸都是裱糊在外面的；墙壁用纸裱糊，四角贴有“囍”字剪纸角花，顶棚中心是龙凤团花剪纸。宫殿两旁的过道墙壁上也贴有剪纸。

（五）近现代

“五四”新文化运动时期，先进知识分子蔡元培、鲁迅、刘半农等人倡导建立中国民俗学。他们广泛收集民间文学资料，同时也努力收集民间美术作品，其中就有民间剪纸这一项。

20 世纪 30 年代，艺术家陈志农在北京开始民间剪纸的研究与创作。他用速写和剪影的形式描绘了老北京大量的风俗民情，如串街小贩、作坊工匠、食摊茶挑、集市庙会、市井闲人等。

20 世纪 40 年代，以现实生活为题材的剪纸开始出现。1942 年，毛泽东发表的《在延安文艺座谈会上的讲话》中提出了“文艺为工农兵服务”的文艺方针。此后，延安鲁艺的艺术家陈叔亮、张仃、力群、古元、夏风等人开始学习当地具有深厚群众基础的民间剪纸，对民间剪纸进行了收集、发掘、整理和研究，并创作了一大批反映边区人民生产、生活、战斗的新剪纸。作品运用了民间传统的样式，描写了抗日战争和边区建设的新内容。这些推动了群众性剪纸的创作和发展，使传统的民间剪纸发生了革命性的变化。1944 年，在陕甘宁边区还首次展出了西北地区的民间新剪纸作品，为新中国成立后剪纸艺术的发展拉开了序幕。可以说，延安的剪纸开创了中国剪纸的新纪元。

新中国成立后，在“百花齐放，推陈出新”文艺方针的指导下，艺术家们创作了大量表现社会主义新人新事的新剪纸，开拓了剪纸创作的道路，也丰富了中国民间装饰美术的形式和内容。在新剪纸的创作中除表现各行各业新气象的剪纸外，儿童、体育、杂技、歌舞等也成为剪纸最常见的题材。

现代剪纸《抗日小英雄——雨来》

剪纸艺术自诞生以来，在中国历史上就没有中断过。它充实于各种民俗活动中，是中国民间历史文化内涵最为丰富的艺术形态之一。

二、各方派系

同其他艺术门类一样，剪纸也分为几大流派，主要有南方派、江浙派以及北方派。

（一）南方派

1. 佛山剪纸

广东佛山剪纸源于宋代，盛于明清时期。从明代起佛山剪纸已有专门行业大量生产。佛山剪纸的题材绝大多数是花鸟鱼虫、戏曲人物和民间故事，如“龙”“凤”“鲤鱼”“孔雀”“和合二仙”“六国封相”“嫦娥奔月”“八仙闹东海”等。按制作原料和方法分别有铜衬、纸衬、铜写、银写、木刻套印、铜凿、纯色等类，并利用本地特产铜箔、银箔，用剪、刻、凿等技法，套衬各色和绘印上各种图案。

2. 自贡剪纸

自贡剪纸始于明清，是老百姓祈求美好生活的一种精神文化形态。自贡剪纸的特点是质朴丰润、清新明快、拙中带巧、平里有奇、装饰味浓、现代感强。

3. 湖北沔阳雕花剪纸

湖北沔阳雕花剪纸是民间艺人们用刻刀和白纸在蜡盘上雕刻的绣花纹样（俗称“花样子”），一般可重叠一二十层白纸雕刻。其使用的刻刀多为闹钟发条和经过改造的手术刀。蜡盘由菜油、白蜡、香炉灰合成物盛于小木圆盘中组成。“花样子”一般用于鞋、鞋垫、帽、枕头、涎兜、帐飘、帐帘、门帘等刺绣纹样，纹样多为寓意吉祥和瑞庆的图案，如“喜鹊登梅”“龙凤呈祥”“鸳鸯戏水”“金鱼闹莲”“鹿鹤同春”“鲤鱼跳龙门”“狮子滚绣球”等。沔阳雕花剪纸与北方剪纸的粗犷、奔放特色相反，显得精细入微。

4. 福建剪纸

福建各地的剪纸有不同的特点。山区的南平、华安等地刻画山禽家畜的作品较多，表现较为粗壮有力、淳厚朴实；沿海的闽南、漳浦一带屡见水产动物入画，风格细致、造型生动；莆田、仙游一带以礼品花为主，倾向于华丽纤巧的意味。剪纸的作用也很广泛，如岁时节日的窗花、门笺、灯花、礼品花及刺绣的稿样，泉州艺人还将剪纸应用在建筑中、家具上，作复印漆画的底版。

福建剪纸中最有特色的样式是莆田礼品花：贺生贺喜贺寿，祭神祭鬼祭祖，不管是馈赠还是摆供，也不管是礼轻还是礼厚，都要附上一枚鲜红的剪纸花。就连猪头、猪脚、猪肚、鸡爪，也都如此。中国有句俗话叫“礼轻情意重”，想必礼物本是象征行为，而礼物上的花儿则是人情人意的表现。

（二）江浙派

1. 扬州剪纸

扬州是中国剪纸流行最早的地区之一。早在唐代，扬州已有剪纸迎春的风俗。立春之日，民间剪纸为花、春蝶、春钱等，或悬于佳人之首，或缀于花木之下，相观以取乐。据传，嘉庆、道光年间，著名艺人包钧的剪纸，花、鸟、鱼、蝶无不神形兼备，故有“神剪”之称。新中国成立后，扬州剪纸得到了国家和地方政府的重视。1955 年，扬州成立了民间工艺社。1979 年剪纸艺人张永寿被国家授予“中国工艺美术大师”称号，20 世纪 50 年代的《百花齐放》、70 年代的《百菊图》和 80 年代的《百蝶恋花图》为其代表作。扬州剪纸题材广泛，有人物花卉、鸟兽虫鱼、奇山异景、名胜古迹等，尤以四时花卉见长。

2. 浙江剪纸

浙江省的窗花剪纸各地都有，以金华地区永康、浦江、磐安，温州地区的乐清、平阳等地较多，风格各有不同，用途也各异。金华地区多为窗花和灯花，乐清的细纹刻纸主要用于装饰龙盘灯，平阳一带送礼时放在礼物上的“圈盆花”最有特色，各地均有用于衣裙、鞋帽的花样。浙江剪纸中的戏曲窗花也有独到之处，撷取戏中典型的场面情节，充分体现人物的身段之美。在大的影像轮廓中剪出细阴线，使形象结构与画面的节奏都增添成色。

（三）北方派

1. 蔚县剪纸

河北蔚县剪纸源于明代，其制作工艺在我国众多剪纸中独树一帜。这种剪纸不是“剪”，而是“刻”，它是以薄薄的宣纸为原料，拿小巧锐利的雕刀刻制，再点染明快绚丽的色彩而成。整个工艺过程有“画、订、浸、刻、染、包”六道工序，即所谓“阳刻见刀，阴刻见色，应物造型，随类施彩”而成。

2006 年 5 月 20 日，“剪纸”项目（蔚县剪纸作为组成部分）经国务院批准列入第一批国家级非物质文化遗产名录。2007 年 6 月 5 日，经文化部确定，河北省蔚县的周兆明为该文化遗产项目代表性传承人，并被列入第一批国家级非物质文化遗产项目 226 名代表性传承人名单。

2. 山西剪纸

山西剪纸的体裁格式根据各地民俗与实用需要，因物、因事制宜，最常见的是窗花，它的大小根据窗格的形状来定。如晋北一带窗户格式有菱形、圆形、多角等样式，窗花也随窗而异，小的寸许，大者有四角、六角、八角呼应的“团花”。忻州一带，欢庆春节或操办婚事都要贴“全窗花”，即剪出柿子、如意、牡丹、佛手、莲花、桂花、笙等，祝愿新婚夫妇早生贵子、美满幸福。

山西绵山剪纸

山西晋城剪纸

山西剪纸的风格，总体来说具有北方地区粗犷、雄壮、简练、纯朴的特点。但是，因地域环境、生活习俗、审美观念的不同，各地剪纸又有差异。如晋南、晋中、晋东南、晋西北、吕梁山区的剪纸，多为单色剪纸，风格质朴、粗犷；流行于雁北地区的染色剪纸，则婉约典雅、富丽堂皇，尤以“广灵剪纸”为代表。

广灵剪纸

知识链接

广灵剪纸

3. 陕西剪纸

陕西剪纸有“活化石”之称，它较完整地传承了中华民族阴阳哲学思想与生殖繁衍崇拜的观念。如古老的造型纹样“鱼身人面”“狮身人面”，与周文化相似的“抓髻娃娃”，与汉画像相似的“牛耕图”等。

陕西剪纸因地区不同而风格各异。陕北剪纸淳厚、粗壮，线条有力，剪纹简洁；定边、靖边剪纸较细致，线条多直线，流利奔放；宜川剪纸线条粗而曲线多；关中剪纸线条细似针尖，风格别致；大荔朝邑剪纸以戏文为多，造型动态近乎皮影；三原剪纸以花卉为主，结构简单，色彩对比强烈；富平剪纸剪纹流利，明暗适调。总的来看，陕西剪纸造型古拙、风格粗犷、寓意明朗、形式多样，具有浓郁的泥土气息和鲜明的地域特色。

4. 甘肃剪纸

甘肃剪纸是中国剪纸北方派的重要代表，甘肃也是中华民族剪纸艺术的主要发祥地之一。其大致分为：以民勤、敦煌等地为代表的河西剪纸，以兰州、白银、定西、天水为中心的陇中剪纸，以平凉、庆阳为中心的陇东剪纸和以甘南为代表的少数民族剪纸。分布在这些地域的民间剪纸纹样与剪纸观念内容极为原始，遗留下来的剪纸原始符号极为古老，许多民间剪纸纹样被专家学者称为中华民族文化源头艺术形象的再现，是中华民族民间文化历史实物的“活化石”。庆阳剪纸、会宁剪纸、定西剪纸分别被列入国家级非物质文化遗产。

5. 山东剪纸

山东剪纸从造型风格上大致可分为两类：一类是渤海湾区域粗犷豪放的风格，与黄河流域其他省份的剪纸一脉相承；另一类是更有特点的山东胶东沿海地区以线为主、线面结合的精巧型剪纸，它似乎与山东汉代画像石细微繁缛的风格一脉相承，以其花样密集的装饰手段使单纯爽快的外形更饱满丰富。

山东胶东称手巧的女子为“伎俩人”。“伎俩人”不管出在哪个村，都是人们引以为荣的事。胶东的窗户多是细长条形的格子，“伎俩人”就采用化整为零的方法把大的构图分割成条形剪出，再贴到窗上组合成一个完整的画面。

经典赏析

《鹿鹤同春》

扫一扫

课后思考

一、填空题

1. ________ 是说唱艺术的总称，包括弹词、大鼓、琴书、道情、评话、相声、快板等。

2. ________ 起源于原始歌舞，与希腊悲剧和喜剧、印度梵剧并称为世界三大古老戏剧文化。

3. ________ 是中国五大戏曲剧种之一，腔调以西皮、二黄为主，用胡琴和锣鼓等伴奏，被视为中国国粹。

4. 中国古代书法大体可分为 ________、________、________、________、行书五种。

5. 国画可分为 ________、________、________三大类。

二、判断题

（　）1. 书法艺术是一门独立的艺术形式，它是以汉字的方形结构和线条变化为基础的。

（　）2. 我国历史上最大的古城是兴宁古城，全城面积为 84.1 平方千米，约为现存西安古城（明代建）的 7.5 倍以上。

（　）3. 相声主要采用口头方式表演，表演形式有单口相声、对口相声、群口相声三种。

（　）4. 2009 年 9 月 28 日至 10 月 2 日举行的联合国教科文组织保护非物质文化遗产政府间委员会第四次会议上，我国申报的中国剪纸项目入选“人类非物质文化遗产代表作名录”。

（　）5. 隋唐两代，随着国家统一和经济繁荣，瓷器业进入一个新的时期，重要窑场已出现在大江南北，白瓷生产已相当成熟，从而形成了“南白北青”的生产格局。

三、简答题

1. 试对曲艺艺术特征进行简要分析。
2. 简要分析中国瓷器的发展历程。
3. 简述中国民居的代表性风格。

课后实践

任务实施

学习完本项目内容后，认真完成任务单。

项目五任务单

任务主题	探寻家乡的古建筑，感受历史里的旧时光
任务要求	寻访自己家乡的古建筑、古遗存，了解、记录属于它们的老故事
任务总结	分小组进行口头观感交流或制作 PPT 进行展示，交流结束后整理相关资料，完成作业上交

任务评价

请各小组选出一名代表展示任务实施的成果，并配合指导教师完成任务评价表。

项目五任务评价表

评价项目	评价内容	分值	评价分值		
			自评	互评	师评
职业素养考核项目	考勤、仪容仪表	10			
	团队交流与合作意识	10			
	创新意识、纪律意识	10			
专业能力考核项目	积极参与教学活动并正确理解任务要求	10			
	认真收集家乡的古建筑资料并积极参与讨论	10			
	任务实施过程记录表的完成度	10			
	对中国建筑发展的掌握程度	10			
	对区域内建筑布局的熟知程度	10			
	能够准确理解建筑物所具有的内涵与价值	20			
合计：综合分数____自评（20%）+ 互评（20%）+ 师评（60%）		100			
综合评价：					

3

模块三

社会与生活

项目六

追逐多彩生活：中国传统民俗

项目导读

在中国漫长的历史进程中，在中华民族自身特有的文化传统、信仰、观念和艺术的基础上，逐渐产生了许多传统节日。这些节日经过年复一年的发展和演进，最终形成了具有鲜明民族特色的传统节日，形成了绚丽多彩的民族节日风情。

服饰是人类特有的劳动成果，它既是物质文明的结晶，又具有精神文明的含义。中国服饰的历史源远流长，以鲜明的特色为世界所瞩目。服装是一种语言，也是一个文化窗口，是国家和民族创新精神、创造活力最重要的显性表达之一。服饰文化是国家软实力的重要组成部分。

中华民族的传统节日与服饰文化是中华民族悠久历史文化的重要组成部分，最能体现民族的心理、志趣、信仰与历史发展进程，是我们民族的文化特征。

学习目标

知识目标

△了解中国的传统节日

△了解中国的传统服饰

能力目标

△认知中国传统节日的现实意义

△了解传统服饰的文化特征

素养目标

△加深对传统节日、民族服饰内涵的认知

△培养传承中国民俗的意识

△养成忠诚老实、诚恳待人、刚正无私、光明磊落、坦坦荡荡的优秀品质

△增强民族认同感、强化民族精神、塑造民族品格，并铸就守望相助、天下同心的人间大爱

思维导图

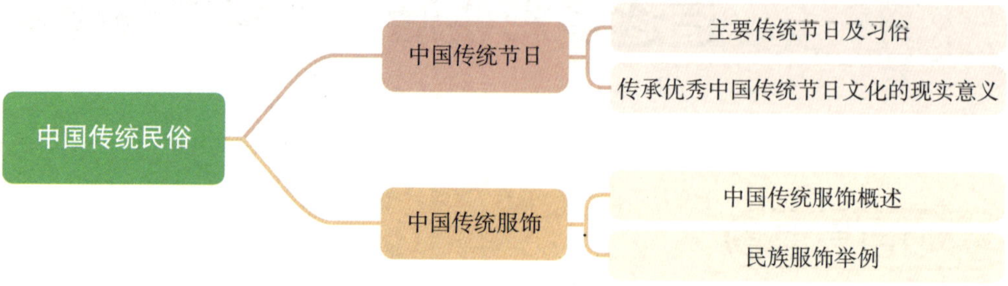

任务清单

完成一项学习任务后，请在对应的方框中打钩。

课前预习	去图书馆查阅中国传统民俗的相关资料	□
	通过网络或其他渠道了解中国传统民俗的发展	□
课中学习	认真学习中国传统民俗及服饰的发展	□
	体会节俗背后蕴含的传统文化魅力	□
课后巩固	完成课后相关习题	□
	完成课后实践环节任务单	□

微课堂

任务一　中国传统节日

中国传统节日是在中华民族长期的文明发展史中积淀、凝聚而成的，这些节日清晰地记录了古代丰富多彩的社会生活文化内容，是弥足珍贵的历史文化遗产，是中国传统文化的重要组成部分。

中国传统节日的形成，是中华民族历史文化长期积淀凝聚的结果，蕴含着深邃丰厚的文化内涵，成为一个蔚为大观的精神文化遗产宝库，至今还深刻地影响着每个华夏子孙的社会生活和精神生活。

中国传统节日形式多样、内容丰富，有的源于原始的欢庆活动，有的源于重大的历史事件，有的源于传说，承载着神话、传说、天文、地理、术数、历法等人文与自然文化内容，反映了中华民族的传统习俗、道德风尚和宗教观念。人们通过庆祝节日的方式，来寄托整个民族对未来的憧憬和希望。

一、主要传统节日及习俗

中国传统节日大多采用传统的历法和二十四节气来确定。按照二十四节气来确定的节日，直接用节气命名，比如清明、冬至等；按照历法来确定的节日，大多依据月亮的圆缺（朔望）来确定，如元宵、中秋等；按照农历日期来确定的节日，如春节、七夕等；按照民间传说来确定的节日，如腊八等。

中国传统节日众多，其中主要的有春节、元宵节、清明节、端午节和中秋节。在这些传统节日中，为了增添节日的气氛和乐趣，有一些特定的活动和应节的食品，以此构成浓郁的节日风情。这些节日活动在漫长的历史进程中，传承了积极的意义，摒弃了消极的因素，形成了节日的一系列习俗，至今为人们所遵循，成为中华民族优秀传统文化的重要组成部分。

（一）春节和除夕

自汉武帝太初元年（前 104 年）始，以夏年（农历）正月初一为“岁首”（即“年”），年节的日期由此固定下来，延续至今。年节古称“元旦”。1911 年辛亥革命以后，开始采用公历（阳历）计年，遂称公历 1 月 1 日为“元旦”，称农历正月初一为“春节”。春节是中华民族最隆重的传统节日。

年节是除旧布新的日子。年节虽定在农历正月初一，但年节的活动却并不止于正月初一这一天。从腊月二十三（或二十四日）小年节起，人们便开始“忙年”：扫房屋、洗头沐浴、准备年节器具等。所有这些活动，有一个共同的主题，即“辞旧迎新”。人们以盛大的仪式和热情，迎接新年，迎接春天！

年节是祭祝祈年的日子。古人谓谷子一熟为一“年”，五谷丰收为“大有年”。西周初年即已出现了一年一度的庆祝丰收的活动。后来，祭天祈年成了年俗的主要内容之一。灶神、门神、财神、喜神、井神等诸路神明，在年节期间都备享人间香火。人们借此酬谢诸神在过去一年的关照，并祈愿在新的一年中能得到更多的福佑。

年节还是合家团圆、敦亲祀祖的日子。除夕要将旧门神、旧春联撕掉，换上新门神、新春联，并放爆竹。全家欢聚一堂，吃罢“年年有余”的“团年饭”，长辈给孩子们分发“压岁钱”，一家人团坐“守岁”。元日子时交年时刻，鞭炮齐响，辞旧岁、迎新年的活动达到高潮。各家焚香致礼，敬天地、祭列祖，然后依次给尊长拜年，继而同族亲友互致祝贺。元日后，开始走亲访友、互送礼品，以庆新年。

年节更是民众娱乐狂欢的节日。元日以后，各种丰富多彩的娱乐活动竞相开展，耍狮子、舞龙灯、扭秧歌、踩高跷、杂耍诸戏等，为新春佳节增添了浓郁的喜庆气氛。此时，正值“立春”前后，古时要举行盛大的迎春仪式，鞭牛迎春，祈愿风调雨顺、五谷丰收。各种社火活动到正月十五再次达到高潮。

因此，集祈年、庆贺、娱乐为一体的盛典年节就成了中华民族最隆重的佳节。

而时至今日，除祀神祭祖等活动比以往有所淡化以外，年节的主要习俗都完好地得以继承与发展。

喜庆的春联是对联的一种，因在春节张贴，故得名春联。春联起源于桃符（周朝时期悬挂在大门两旁的长方形桃木板）。《后汉书·礼仪志》载，桃符长六寸、宽三寸，桃木板上书“神荼”“郁垒”二神。清朝《燕京岁时记》有云：“春联者，即桃符也。”五代时期，西蜀的宫廷里，有人在桃符上题写联语。《宋史·卷四百七十九》有载，后蜀主孟昶题写了桃符：“新年纳余庆，嘉节号长春”，这便是我国的第一副春联。宋朝时期，桃符由桃木板改为纸张，王安石的诗中就有“千门万户曈曈日，总把新桃换旧符”之句。明朝时期，桃符才改称“春联”。明代陈尚古《簪云楼杂说》有载：“春联之设，自明孝陵昉也。帝都金陵，于除夕前忽传旨：公卿士庶家门上须加春联一副，帝亲微行出观。”经明太祖这一提倡，春节贴春联便成为习俗，一直流传至今。

春联既是根据中国古代骈体文衍生出来的一种新文体，又是借鉴了中国诗歌传统的一种文学形式。它与古代的骈体文和诗歌不同，是一种具有独特形式的文体。尽管律诗或骈文中的对仗句往往就是绝妙的对联，但只有在它们脱离律诗或骈文而独立存在时才能称为对联。它最显著的特征就是形式上成对成双，两联彼此相“对”，内容互相照应，紧密联系。一副对联的上联和下联必须结构完整统一、语言鲜明简练。

大红春联表达了人们对新的一年的希望，烘托出浓浓的节日气氛，是用民间艺术形式表达传统文化的重要载体。贴春联也有很多讲究，传统春联的贴法是：面对大门时，上联在右，下联在左，横批文字顺序为从右至左，贴在门楣的正中间。新中国成立后由于横式书写格式改为由左向右，春联也可以上联在左、下联在右，横批文字顺序也是从左至右，适合人们的阅读习惯。但是，如果将这两种春联贴法“混合使用”，就不太妥当了。

（二）元宵节

元宵节又名上元节，节期为农历正月十五，即农历新的一年里第一个月圆之意，古代称夜为“宵”，故称“元宵节”，是我国传统节日中的大节。因元宵节的主要节俗活动是燃放花炮烟火、张灯、赏灯等，故称“灯节”。这一天还有闹花灯、耍狮子、舞龙灯、猜灯谜、吃元宵等习俗。

元宵节张灯习俗起源于汉代，在南北朝时蔚然成风。当时已有油灯、漆灯及燃香、点蜡等，灯明如昼；如有月色，灯月交辉，观灯则更具乐趣。谜语在我国早已流行，秦汉时期已较普遍。宋代开始把谜语贴在花灯上，称作灯谜，让人猜测，增加节日的雅趣。元宵在南方多称作汤圆，是民间重要节日食品与点心，至今民间仍认为吃汤圆有家人团圆、幸福吉利、新一年圆满顺遂之意。

花灯

元宵

趣味故事

闹花灯

（三）清明节

清明属我国二十四个节气之一，也是传统节日，节期在公历每年 4 月 4 日至 4 月 6 日之间，多在 4 月 5 日。我国传统的清明节大约始于周代，已有 2 500 多年的历史。清明最开始是一个很重要的节气：清明一到，气温升高，正是春耕春种的大好时节，故有“清明前后，种瓜种豆”“植树造林，莫过清明”的农谚。后来，由于清明与寒食的日子接近，而寒食是民间禁火扫墓的日子，渐渐地寒食与清明就合二为一，而寒食既成为清明的别称，也变为清明时节的一个习俗：清明之日不动烟火，只吃凉的食品。

清明节融合了寒食节、上巳节的风俗，主要有禁火寒食、祭扫坟墓、踏青郊游、荡秋千、放风筝、打马球及插柳等。相传这是因为清明节要寒食禁火，为了防止寒食冷餐伤身，所以大家来参加一些体育活动，以锻炼身体。这个节日中既有扫墓祭祖的悲酸泪，又有踏青游玩的欢笑声，是一个富有特色的节日。扫墓拜祖在先秦已有，秦汉时多在寒食节进行。明清以来扫墓活动增多，人们不仅扫自己先祖的坟墓，且拜祭历代功臣，皇帝还会派大臣到黄帝陵祭祀。如今清明节则为革命烈士扫墓，举行纪念活动。

（四）端午节

农历五月初五端午节是夏季最重要的节日。因古代“端”与“初”同义、“午”与“五”同音，故称五月初五为端午。端午节又称端阳节、重午节。此外，端午节还有许多别称，如午日节、重五节、女儿节、天中节、诗人节、龙日等。虽然叫法不同，但总体上说，各地过节的习俗还是基本相同的。内容主要有：女儿回娘家，挂钟馗像，悬挂菖蒲、艾草，佩戴香囊，赛龙舟，比武，击球，荡秋千，给小孩涂雄黄，饮用雄黄酒，吃咸蛋、粽子和时令鲜果等。其中很多习俗至今仍在中国各地流传并传至邻近的国家。

知识链接

粽子

（五）七夕节

在我国，农历七月初七是人们俗称的七夕节，也称为“乞巧节”或“女儿节”。这是中国传统节日中最具浪漫色彩的一个节日，也是过去姑娘们最为重视的日子。

女孩们在这个充满浪漫气息的晚上，对着天空的朗朗明月，摆上时令瓜果，朝天祭拜，乞求天上的女神能赋予她们聪慧的心灵和灵巧的双手，让自己的针织女红技法娴熟，更乞求姻缘巧配。婚姻是决定一个人幸福与否的终身大事，世间无数的有情男女都会在七夕夜深人静的时刻对着星空祈祷自己的姻缘美满。

趣味故事

七夕节的由来

（六）中秋节

农历八月十五日为中秋节，这一天正是农历秋季正中，故名。民间俗称其为八月节，是一个象征团圆的传统佳节，也是我国仅次于春节的第二个大节。中秋节的起源与古代秋祀、拜月习俗有关，主要有祭拜月神、赏月、赏桂、观潮和吃月饼等习俗。早在汉晋时民间已有赏月之举。月饼原为祭奉月神的供品，后为我国南方人的点心食品，继而流传全国。吃月饼有团圆之意，亲友之间还以月饼相赠。

月饼

知识链接

月饼

（七）重阳节

重阳节又称“九月九”“重九”。古时候将数字也分为阴阳，一、三、五、七、九这几个单数为阳数，九是阳数中最大的数字而被认为是最吉利的数字。九月九日恰是月逢阳、日逢阳，双阳重叠，双九重叠，因此称为重阳节、重九节。

重阳节在西汉时就已产生，并且在当时就已经有了登高、赏菊、插茱萸、饮菊花酒的习俗。至东汉，重阳节的种种仪式又被涂上了辟邪的色彩。

古人认为，九为阳数之极，双九便为老阳，阳极必变，因此，九九乃是由盈转亏、由盛转衰的不吉之数，与五月初五同属毒月毒日。茱萸味香浓郁，可驱虫去湿、治风寒、消积食，菊花可清火去毒。所以，古人认为九月初九佩茱萸、饮菊酒、登高山可以避灾免祸。而吃重阳糕则取“步步登高”之意。这一习俗发展到唐宋之后，逐渐演变为给亲朋好友身佩茱萸、携带佳酿、饮酒赋诗、拉弓射箭、登高赏菊等民俗活动。

（八）腊八节

农历十二月初八，俗称“腊八”，是我国又一个重要的传统节日。“腊”乃上古时代岁终祭神祭祖的仪式，也称蜡。由于腊祭是在每年的十二月进行，因此汉代人就把十二月称为腊月。祭祀用的兽肉往往吃不完，人们就在肉上抹上盐，风干起来留着慢慢吃，因为是腊祭剩下的肉，因此称作腊肉。

腊八节的节日食品是腊八粥。腊八粥又名“七宝五味粥”，是由核桃仁、松子、栗子、柿子、红豆、糯米、红枣等多种原料混合熬制而成的一种节日食品。

腊八粥

二、传承优秀中国传统节日文化的现实意义

中国传统节日作为中国传统文化精神的体现之一，在社会发展中产生过深远的影响，至今仍有深刻的现实意义。

（一）体现凝聚力

春节回家、清明扫墓、端午节纪念屈原的传统习俗流露出敬祖意识、亲情情结、精忠爱国等思想，这些观念最容易唤起人们对亲人、家庭、故乡、祖国的情感，唤起人们对民族传统文化的记忆，唤起人们同宗同源的民族情及对文化同根性的认同。中国有许多俗语，如“一方有难，八方支援”“老乡见老乡，两眼泪汪汪”等，都是强大文化凝聚力的表现；海外华侨回国祭祀祖先及在异国、异地的游子落叶归根等行为则是传统节日中民族凝聚力的体现。文化凝聚力与民族凝聚力有利于增强民族团结、维系国家统一，有利于加深世界各地中华儿女的亲情，也有利于激励中华民族不断前进、发展、强大。

（二）构建和谐关系

中国传统节日中的天人合一思想为人们提供了亲近自然、融入自然的机会，在踏青、观星、赏月、登高等活动中，人们可以放松心情、找回童真、发现乐趣。在亲近自然的活动中，骨肉情深或天伦之乐得到体现，形成一种与人为善、和谐相处的人际关系。

当今世界，随着科技与工业的日益发展，人与自然、人与人之间的关系也发生了许多变化，如由于人类无限制地利用自然而带来的一系列环境问题等。现在当我们回望中国传统节日中人与自然、人与人之间的和谐关系时，应该受到启迪。所幸的是，保护生态环境，构建人与人、人与社会和谐关系已经成为人们的共识，这也是对传统节日中天人合一思想的肯定。

（三）唤起对美的向往

中国传统节日中无论是亲近自然（如踏青、观星、赏月、登高等），还是渴望团圆（如吃饺子、月饼等）的习俗，都体现了人们对美的追求与向往。传统节日中的美，主要指生命与生活之美，在亲近自然、家人团圆、希望有情人终成眷属的传统习俗中，人们体会到了生活之美，也更加珍爱生命。传统节日中的行为、愿望都发自内心，充满了感情，因此，即使有时希望不能实现、结局未必圆满，但因为这些行为、愿望来自心灵，它们也是美的。

中国传统节日有几千年的历史，在长期发展过程中，不断与其他文化交汇，消极的东西逐渐消亡，美好的东西日益凸显，体现出强大的包容性，表现为同化力、融合力、延续力和凝聚力，这正是传统节日具有强大文化生命力的表现。凝聚着中华民族情感、知识、智慧和伦理规范的传统节日，也必将构成我们时代生活的重要部分。

任务二　中国传统服饰

微课堂

中国古代文明发展迅速，国力强盛，这在服饰方面也有鲜明体现，“衣冠王国”的称誉就说明了这一点。服饰是传统文化的重要组成部分，文化的多样性在服饰上表现为它的模式和特色往往因民族、地区、时代的不同而不同。需要指出的是，这里所说的服饰不仅指我们平常所说的服装，还包括人的头、手、颈、脚、胸等部位所佩戴的各种饰物。

一、中国传统服饰概述

（一）首服

首服是指人们头上的冠带服饰，中国传统社会男女首服差异很大。在古代，成年男子一般根据不同的身份、地位而戴冠、冕、弁、帻等首服。冠、冕、弁虽有不同，但都是贵族男子的首服，其中“冠”是三者的总称。古代男子二十岁行冠礼，表示他开始步入成年男人之列。古人将戴冠看成一种“礼”，出门、待客都必须戴冠，当冠而不冠就是“非礼”。冕，是天子、诸侯、卿大夫在典礼、祭祀等重大场合所戴的首服。冕顶有长方板，称为“綖”，后高前低，略向前倾。綖的前端缀有数串小圆玉，谓之“旒”。后来，只有帝王才能戴冕有旒，于是“冕旒”就成了帝王的代称。弁，也是体现贵族尊贵身份的首服，有爵弁、皮弁之分。平民百姓不需着冠，但也要留长发，上罩头巾，称为“帻”。汉代逐步打破了唯庶人服帻的传统，“上下群臣贵贱皆服之”，自皇帝至庶人，平常皆可服帻。

与男性相比，女性的首服有着自身的特点，从形式上看有笄、簪、钗、步摇等。

女子成年，行“笄礼”。笄礼要在许嫁后出嫁前举行，一般在十五岁举行；如果一直未许人，则推迟到二十岁行笄礼。簪是笄的发展，由金、银、玉、牙、玳瑁等制成凤凰、孔雀的形状，非常精美。钗是由两股簪交叉组合而成的一种头饰，以钗贯发可使发型更为稳固，也可使人更显美观。步摇是在顶部挂珠玉垂饰的簪或钗，因走动摇曳而得名，是贵族妇女最常见的发饰之一。

（二）身服

相传在黄帝时期，中国服饰的特有样式就产生了。在先秦时期，中国正式形成了身服的两种基本形式：一种是上穿衣、下着裳，另一种是衣和裳连在一起。春秋以前多为上衣下裳制；当衣裳并举时，衣指上衣，裳指下衣。宽大、没有袖端的上衣称作“衫”，后来发展成衣裳相连的长衫。裳指下衣，古代的裳就是裙，男女皆服。春秋战国时，出现了一种衣裳相连的服装——深衣。到了冬季，又有很多御寒的衣服，最常见的是裘。其中狐裘和豹裘最为珍贵，为达官贵人所穿；鹿裘、羊裘比较普通。裤在古代写作袴、绔。古代的裤子没有裆，只有两个裤筒，套在腿上，上端有绳带系在腰间。裤子的材料有毛皮的，一般为穷人所穿；有纨（白色细绢）的，为富人所穿。所谓“纨绔”，是有钱人的服饰，代指不务正业的富家子弟。

先秦时期，女子身服与男子的差别不大。春秋战国时，上衣下裳相连的深衣兴起，女子穿的深衣是长衣大袖。到汉代，深衣逐步变为女子的礼服，平时多穿直裾长袍或衣裙两件式的便服。衣裙的特点是上短下长，窄衣大袖。唐代妇女流行小袖长裙服装，年轻女性流行穿红色的石榴裙。宋代的女装流行瘦、细、长，与以前各个时期不太相同。元、明时期的女装，大抵效仿唐宋，上衣下裙，大同小异。至清代，汉族妇女仍着小袖衣和长裙等明代款式，而满族妇女着旗装。至近代，在旗装的基础上加以改造，融合汉族袍服及大量的西洋元素，创造出了旗袍。旗袍外面加上一件坎肩，成为晚清和民国时最为时尚的女装。

（三）佩饰

古人十分重视身上的佩饰，不仅用以美化自身外形，而且借以标志身份等级。常见的佩饰有玉、珠、刀、帨等。玉是最重要的佩饰，为贵族富豪所有。古人的佩饰常有警醒的作用，如佩弦、佩韦。弦是弓弦，佩弦是提醒自己要像弓弦一样紧张；韦是皮绳，佩韦是提醒自己要像皮绳一样柔韧。如《韩非子·观行》就说：“西门豹之性急，故佩韦以自缓；董安于之心缓，故佩弦以自急。”古人还喜欢在身上佩带香袋，古称容臭，后称香囊，里面放香草香料，类似后代荷包的样子。《红楼梦》中林黛玉为贾宝玉做香囊，说明香囊在很长的历史时期内都受男女青年的喜爱，而且有寄情的作用。

知识链接

汉服的服饰结构

经典赏析

缭绫

（唐）白居易

缭绫缭绫何所似？不似罗绡与纨绮。
应似天台山上明月前，四十五尺瀑布泉。
中有文章又奇绝，地铺白烟花簇雪。
织者何人衣者谁？越溪寒女汉宫姬。
去年中使宣口敕，天上取样人间织。
织为云外秋雁行，染作江南春水色。
广裁衫袖长制裙，金斗熨波刀剪纹。
异彩奇文相隐映，转侧看花花不定。
昭阳舞人恩正深，春衣一对值千金。
汗沾粉污不再着，曳土踏泥无惜心。
缭绫织成费功绩，莫比寻常缯与帛。
丝细缲多女手疼，扎扎千声不盈尺。
昭阳殿里歌舞人，若见织时应也惜。

扫一扫

缭绫
【注释 译文】

二、民族服饰举例

中国有五十六个民族，各个民族都有自己的服饰，其服饰都有鲜明的民族特色。兹举几例。

（一）藏族服饰

藏族男女都穿长袍，其式样基本相同，都是长袖、宽腰、大襟。男子皮袍腰间系带，并配有短刀、火石等饰物。他们穿皮袍的时候常常褪下一只袖子袒露右肩，或将两只袖子都褪下掖在腰带间。这种习惯与青藏高原变化无常的天气有关。由于日夜温差大，中午炎热时就把袖子褪下来，早晚寒冷时再穿上，而露出右臂是为了便于劳作。藏族妇女的典型服装是斜领衫，外罩无袖长袍，多在腰间系图案瑰丽的围裙。在下衣方面，男穿裤，女穿裙。

（二）维吾尔族服饰

小花帽是维吾尔族人最典型的首服，一般为四棱、六角或圆形，图案繁多，非常精美。男女出门都喜欢戴小花帽。男子一般内穿绣有花边的衬衫，外套无扣、宽袖、对襟的长袍，俗称“袷袢”。女子多喜欢穿长衫或连衣裙，外面套深红、深蓝或黑丝绒坎肩。

（三）苗族服饰

苗族服装的基本特点为：男子上身穿短衣或大襟长衫，下身穿长裤；女子上身也穿短衣，下边配短裙、长裙或长裤，其颜色以黑色为底，上面绣满彩色图案。苗族服饰最突出的特色是配件多，图案精美，色彩艳丽。苗族女子的头饰可以说是中国少数民族女子头饰中最丰富、最漂亮的。苗族人把他们虔诚崇拜的动植物绘绣成服装的装饰图案或夸张地表现在银饰上，从日、月、星辰到神秘天体，再到龙、蝶、牛、鹰等动物形象，应有尽有，反映出浓郁的民族习尚和古老的文化传统。

（四）朝鲜族服饰

朝鲜族自古就有“白衣民族”之称。朝鲜族服饰的款式自成一格：上衣自肩至袖头的笔直线条和领子、下摆、袖肚的曲线，构成了曲线与直线的结合，没有多余的装饰，体现了白衣民族古老袍服的特点。朝鲜族男子爱穿“灯笼裤”。这种裤子裤长腰宽，裤裆、裤管肥大，便于在炕上盘腿而坐。女装一般为短衣长裙，短衣有长长的白布带在右肩下方打蝴蝶结，长裙多有长皱褶。

（五）傣族服饰

傣族的男子多穿对襟或大襟无领短衫，肥筒长裤，用白、青、淡黄色的布包头。傣族服饰以女子服饰最为有名，也最具有代表性。傣族女性一般喜欢穿窄袖短衣和筒裙，能够充分展现女性修长苗条的身材。傣族女子的饰物精致玲珑，多用白银制成，也有用翡翠、玉石或玛瑙制成的。纯银腰带是傣族妇女系于筒裙上的特殊饰物，用银丝或银片编织而成。据说银腰带是由母亲一代又一代传下来的，饱含了深深的母爱，所以傣族女子十分珍爱银腰带。

中国服饰文化源远流长，其间经历了各个民族、各地人们的不断融合，呈现多样性、阶段性、兼容性等特征。尽管各民族的服饰有鲜明的民族特征，但潜藏在外在风格之下的文化内涵却保持着某种传统继承性，渗透了求吉趋福心理及崇宗敬祖与礼仪伦常观念，呈现端庄、儒雅、含蓄、潇洒的共同特征，体现了各民族服饰在文化取向上的一致性。

趣味故事

胡服骑射

知识链接

与服饰有关的成语

课后思考

一、填空题

1. 中国传统节日大多采用 ________ 和 ________ 来确定。按照二十四节气来确定的节日，直接用节气命名。

2. 中国传统节日众多，其中主要的有 ________、________、________ 端午节和中秋节。

3. 在古代，成年男子一般按照身份地位的不同而戴 ________、________、弁、帻等首服。

4. 与男性相比，女性的首服有着自身的特点，从形式上看有笄、簪、________、________ 等。

5. 古人十分重视身上的佩饰，不仅用以美化自身外形，而且借以标志身份等级。常见的佩饰有 ________、________、刀、帨等。

二、判断题

(　　) 1. 相传在黄帝时期，中国服饰的特有样式就产生了。

(　　) 2. 古代男子二十岁行冠礼，表示他开始步入成年男人之列。

(　　) 3. 先秦时期，女子的身服与男子的差别很大。

(　　) 4. 元宵节又名上元节，节期在农历正月十五，即阳历新的一年里第一个月圆之意。

(　　) 5. 月饼原为祭奉月神的供品，后为我国南方人的点心食品，继而流传全国。

三、简答题

1. 简述传承优秀中国传统节日文化的现实意义。

2. 简述中国传统民族服饰的特色。

课后实践

任务实施

学习完本项目内容后，认真完成任务单。

项目六任务单

任务主题	中华民俗文化体验
任务要求	收集了解家乡有特色的传统节日与民俗活动，阐释对中国传统节日文化特征的理解
任务总结	可分组抽签选定节日（各组最好不重复），将成果制作成 PPT，并向同学展演讲解

任务评价

请各小组选出一名代表展示任务实施的成果，并配合指导教师完成任务评价表。

项目六任务评价表

评价项目	评价内容	分值	评价分值		
			自评	互评	师评
职业素养考核项目	考勤、仪容仪表	10			
	团队交流与合作意识	10			
	创新意识、纪律意识	10			
专业能力考核项目	积极参与教学活动并正确理解任务要求	10			
	认真搜集并积极讨论相关习俗	10			
	任务实施过程记录表的完成度	10			
	对中国传统节日的掌握程度	10			
	能够理解传统节日的内涵	10			
	掌握传统节日所具有的文化特征	20			
合计：综合分数____自评（20%）+ 互评（20%）+ 师评（60%）		100			
综合评价：					

项目七

享受惬意人生：中国传统饮食

项目导读

饮食对于中国人来说，不仅是为了满足生理的基本需求，也是精神文化生活的重要组成部分。吃是本能，但如何吃却是文化。千百年来，中国的医家、养生学家、儒家、道家、佛家等，将中医营养学、阴阳五行、伦理道德、饮食审美等多元文化元素融入传统饮食，形成了博大精深的饮食文化。我国饮食之考究、烹调技术之高超，是早已闻名世界的。

中国近代著名革命家、政治家孙中山先生曾说过："中国所发明之食物，固大盛于欧美；而中国烹调法之精良，又非欧美所可并驾。"孙中山一生为革命奔走，足迹遍至全国，海外游踪也极广，因此他的评价具有世界性的眼光，充分说明了中国传统饮食文化的独特魅力。中国传统饮食取材广泛、烹饪方式多样、技艺精良，其间包含着丰富的文化内涵。

学习目标

知识目标

△熟悉中国的饮食材料
△了解中国的饮食习惯
△了解茶的发展史
△了解丝绸之路与茶马古道

能力目标

△感知饮食中蕴含的审美情趣
△了解茶的文化审美与精神内涵

素养目标

△加深对饮食礼仪的认知
△了解中国饮食文化的精髓

思维导图

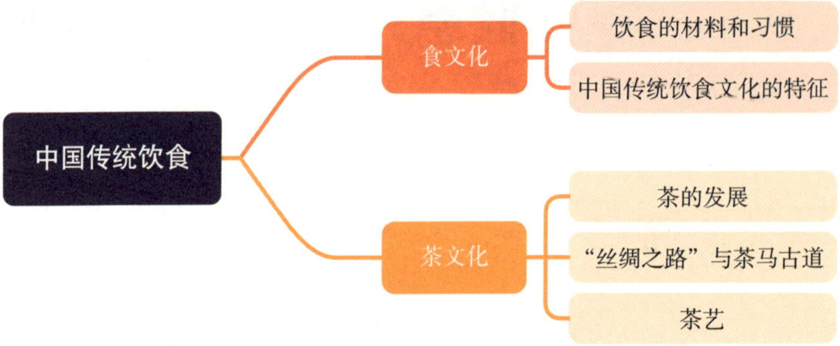

任务清单

完成一项学习任务后，请在对应的方框中打钩。

课前预习	去图书馆查阅中国传统饮食的相关资料	□
	通过网络或其他渠道了解中国饮食的发展	□
课中学习	认真学习中国传统饮食的发展与特征	□
	认知中国传统饮食的时代价值	□
课后巩固	完成课后相关习题	□
	完成课后实践环节任务单	□

微课堂

任务一　食文化

中国有句古话："民以食为天"。作为世界文明古国之一，中国饮食的历史几乎与中国的文明史一样长。在充饥果腹之外，人们赋予了饮食更多的文化意味，即所谓的"食文化"。关于饮食文化的起源，目前说法不一。有人依据黄帝制造釜甑、教民建灶蒸谷的传说，认为他是烹饪的始祖；有人认为燧人氏"钻燧取火，以化腥臊"，是他揭开了烹饪史的第一页；还有人认为伏羲氏"结网罟，以佃渔"，应为中国烹饪的始祖。

陶具使人们第一次拥有了炊具和容器，为制作发酵性食品提供了可能，如酒、醢、醯（醋）、酪、酢、醴等。鼎是最早的炊具之一，其有爪是因为当时没灶；还有鬲，其爪是空心的；鬶主要是用来煮酒的。

黄帝时期，中华民族的饮食状况又有了改善。据史料记载，“黄帝作灶，死为灶神”。灶可以集中火力，节省燃料，使食物速熟，广泛使用在秦汉时期。当时是用釜，高脚灶具逐步退出历史舞台。“烹谷为粥，蒸谷为饭”，这是首次因烹调方法区别食品。蒸锅发明了，那时叫甑。煮海为盐是黄帝臣子夙沙氏发明的。我们的祖先从此不仅懂得了烹，还懂得了调，烹饪水平进一步提高。

被公认的且有历史记载的中国“厨神”是彭祖、伊尹、易牙。他们或有烹饪理论流传后世，或有高超烹饪技艺被载入史册，在中国烹饪开创时期占有重要地位，成为厨师的始祖。

一、饮食的材料和习惯

（一）饮食的材料

中国约在新石器时代就已经产生了原始农业。班固《白虎通义》云：“古之人民，皆食禽兽肉，至于神农……因天之时，分地之利，制耒耜，教民农作。”在夏商周时期，人们逐渐放弃狩猎和采集的生产方式而以作物栽培为主，谷物粮食开始取代猎物和野果，成为人们饮食生活中的主粮。

“五谷”是古代粮食作物的统称，其所包括的品种，最主要的说法有两种：一种是“黍、稷、麦、菽、麻”为五谷，另一种是“稻、黍、稷、麦、菽”为五谷。黍即现在北方的黍子，又叫黄米，色黄而黏。稷是今天的小米，北方称为谷子。在相当长的历史时期里，稷是最重要的粮食，为“五谷”之长。古代以“社稷”代表国家，“社”代表土地神，“稷”是谷神。麦分大麦、小麦、杂麦，菽是豆类的总称，麻之所以被列入谷类是因为麻籽可以给穷人充饥。在夏商周时期，人们已经开始种植瓜果蔬菜。当时不仅有长年固定的菜圃，还有季节性的菜田。从《诗经》《周礼》等书中可以看出，野菜、野果在人们饮食原料中还是占很大比例的。当时没有植物油，也没有炒菜之说，吃菜的方法一般是煮成汤或制成腌菜。同时，畜牧业有一定的规模，现在常见的马、牛、羊、鸡、犬、猪，在当时已经非常普遍。但是当时家畜、家禽的饲养不充足，广大庶民百姓是很少食用的。孟子提出的“七十者可以食肉矣”在当时还是个理想状况，只有王室贵族才能时常享用，因此先秦时期将士大夫以上称“肉食者”。

汉武帝时，张骞通西域，开通了一条“丝绸之路”，使西域的许多食物原料传入我国，如菠菜、黄瓜、胡萝卜、芹菜、豌豆、蚕豆、莴苣、大蒜、大葱、葡萄、石榴、芝麻、核桃、西瓜、甜瓜等，大大丰富了菜肴的品种。香料和佐料品种的增多，也改变了过去一些菜的做法。豆腐大约在西汉时发明，为中国饮食增添了一味独具特色的食品。在这一时期，我国饮食中的植物油问世，而汉以前主要用动物油。魏晋以后，植物油的品种增多，生产量也在增长，烹制菜肴已经较多地使用植物油了。植物油的使用，大大促进了饮食品种的多样化。

唐宋时期，随着农业的发展，小麦的产量超过了稷，从而取代了稷成为北方的主要粮食作物。这也导致了北方人主食结构的变化，面食成为北方人主食结构中的主要食品。唐宋时期的面食叫“饼”，样式繁多，有蒸饼、炊饼、煎饼、胡饼和汤饼等。唐代的蒸饼类似于现在的馒头，是唐代人的主食。炊饼是宋代的面食，由唐代的蒸饼发展而来。煎饼与今天的煎饼相似，胡饼则类似于今天的烧饼。汤饼是煮面，包括热面和冷面（冷淘）。唐宋时期的菜肴用料如果蔬、肉类、鱼类较前代更为丰富，品种繁多。中国传统的煎、炒、炸、炙等技术日臻成熟。“炒”出现于魏晋南北朝，在唐代得到推广，宋代得以普及。

明清时期，小麦、水稻等传统粮食作物的产量大幅度增加，马铃薯、甘薯、玉米、番茄、辣椒、花生、花菜等从美洲或南洋引进，使饮食的原料更加丰富。但主食仍以面食、面点、米饭、粥等为主，东西南北风味各异，品种花样非常丰富，数不胜数。

一直到现代，中国人的主食仍沿用传统，一般是米饭、面食和糕点三大类。而米饭和面食又有地域之分：南方人好米饭，米饭包括大米饭、小米饭、黍米饭等多种，其中以大米饭为主；北方人喜面食，包括馒头、饼、包子、饺子、油条、馄饨、麻花、面条和窝头等。糕点的种类则更多，但无论是在南方还是在北方，它都是一种辅助性的食品。

趣味故事

宫保鸡丁

（二）饮食的习惯

1. 从一日两餐到一日三餐

中国古代先民在每日饮食的次数和时间安排上，也服从农耕的需要，形成了自己的饮食习惯。先秦时期，人们“日出而作，日落而息”，一日两餐。第一顿饭叫“朝食”，又叫“饔”，约在上午九点吃。第二顿饭叫“晡食”，又叫“飧”，约在下午四点吃。“晡食”一般是把“朝食”剩下的饭热一下吃。当时生产条件困难，农作物产量低，取火、做饭耗时费力。两顿饭不需照明，减少生火做饭次数，节约时间、食物，不误农时。到汉代以后，一日两餐才渐渐变为一日三餐。

2. 从分食到合餐

从商周开始，中国人的饮食采取的是分食制。那时还没有桌椅板凳，人们吃饭只能坐在席子上。饭菜放在食案上，一人一案，无法进行合餐。随着唐朝开放的文化政策，西域的合餐制开始进入中原大地，但并没有普及。到宋代，由于椅子的普及，大家可以围着一张桌子吃饭，合餐渐渐增多。到明清时，合餐已经成为主流。

3. 以热食、熟食为主

以热食、熟食为主是中国传统饮食习俗的一大特点，这与中国文明开化较早和烹调技术发达有关。热食熟食可以“灭腥去臊除膻”。古人发现，通过加热，不仅可以去除腥味，而且能增加食物的鲜味，“一热三分鲜”“趁热吃”是餐桌上的常用语；而且食物煮熟之后，易于咀嚼，容易消化。因此，无论是达官贵族家还是平民百姓家，餐桌上都散发出热气腾腾的香味。

4. 以植物性食料为主，取材广泛

自古以来，中国人都是以粮食为主，以蔬菜、肉食为辅的饮食结构。孙中山先生在《建国方略》中讲道：“中国常人所饮者为清茶、所食者为淡饭，而加以菜蔬、豆腐。此等之食料，为今日卫生家所考得为最有益于养生者也。”

这种以植物为主的饮食习惯也促进了筷子的产生。火被使用后，在吃烫热的食物时，人们常用木棍来辅助，随着时间的推移，发展成为今天的筷子。筷子是与中国人的饮食习惯相适应的，因为中国人食肉较少且切成小块，用刀叉不方便，用筷子则方便得多，而且筷子在夹炒熟的蔬菜时也有得天独厚的优势。

中国人民由于几千年来自给自足的小农经济及普遍低下的生活水平而形成了崇尚节俭朴素的传统生活伦理。中国人的食谱广泛，能食者皆食，毫无禁忌，举凡野菜、谷皮莫不可以食用，所谓“菽藿糟糠”都是穷人充饥的粮食；在肉食方面，则不仅仅是吃肉，动物内脏及全身可以食用的部分都被烹饪成美味。许多看来不可食的物品，经过中国厨师的精心制作，就会变成让人一见而食欲顿开的美味，真可以说是“物尽其用”。

二、中国传统饮食文化的特征

（一）以“味”为主的烹调文化

在世界饮食文化中，中国饮食的独特魅力关键就在于“味”，味是中国饮食的灵魂。从先秦开始，先民们就是以谷物为主，肉少粮多，辅以菜蔬。这就是典型的“饭菜结构”。其中饭是主食，而菜则是为了下饭，即助饭下咽。因为主食并不可口，必须用菜配着吃才可口。虽然菜的功能和盐的功能有共同点，但是不等同于盐。中国古代采用这种烹饪方式的首要目的是刺激味觉，使不可口的食物变得可口。久而久之，中国饮食就形成了注重色、香、味的特点，至于是否有营养那时则不太计较。所以比起西方饮食，中国的饮食更重视烹调的技法、选料、刀工、调味、火候等。

讲究技法：中国的烹调技法如煮、蒸、烤、炒、烧、爆、煎、炸、熘、焖、熬、炖、熏、卤、腌、拌、涮等不下数十种。

讲究选料：中国人在烹调时，对肉质的老、嫩和肉的部位都非常讲究。在高级筵宴或重要的祭祀时专门选用羊羔、牛犊、小猪等肉质细嫩的家畜，甚至连家畜的雄雌都有讲究。

讲究刀工：刀工在中国烹调技术中占有非常重要的地位，通过精湛的刀法可以将食材做成块、段、条、丝、片、丁、粒等形状，以适合烹调加工。刀工对食物的入味程度、口感有重要影响。

讲究调味：烹饪食品时调味品放入时间的先后、量的多少，其间相差甚微，却都有一定的规则、都有一定的度，太早太迟、太多太少都会影响菜的口感。

讲究火候：火候是指加热烹制食物过程中的火力大小、时间长短。掌握恰当的火候，可以使原料的成熟恰到好处，减少营养成分的流失，使食物的味道、形状、颜色符合烹饪要求。

（二）传统饮食的"和合"特征

首先，中国传统饮食在食材选择上注重多样性的统一。中国传统饮食在食材选择上要求多样化，主食与副食搭配的膳食理念保证了人们对营养摄取的平衡。"五谷为养，五果为助，五畜为益，五菜为充，气味合而服之，以补精益气。"把五谷视为主食，五果、五畜、五菜视为副食，表现出中国传统饮食食材来源上的多样性，有利于营养的均衡。中国饮食不仅强调主食与副食的搭配，而且还强调主料与副料的融合。这种搭配与融合本身就是"和"的表现。清朝的袁枚就主料与副料的使用进行过说明："烹调之法，何以异焉？凡一物烹成，必需辅佐。要使清者配清，浓者配浓，柔者配柔，刚者配刚，方有和合之妙。其中可荤可素者，蘑菇、鲜笋、冬瓜是也。可荤不可素者，葱韭、茴香、新蒜是也。可素不可荤者，芹菜、百合、刀豆是也。常见人置蟹粉于燕窝之中，放百合于鸡、猪之肉，毋乃唐尧与苏峻对坐，不太悖乎？亦有交互见功者，炒荤菜，用素油，炒素菜，用荤油是也。"足见中国饮食在食材搭配上的重视。

其次，中国传统饮食在食品烹饪上强调"咸、苦、酸、辛、甘"的五味调和。中国传统饮食文化中的五味调和理论，其思想根基可以追溯到中国哲学中的"五行"学说。"五行：一曰水，二曰火，三曰木，四曰金，五曰土。水曰润下，火曰炎上，木曰曲直，金曰从革，土爰稼穑。润下作咸，炎上作苦，曲直作酸，从革作辛，稼穑作甘。"（《尚书·洪范》）在这里，人们把自然现象和人的活动归结为水、火、木、金、土五种元素，饮食中的咸、苦、酸、辛、甘等五味便由此派生而来。五行统摄五味，表达了味之美来源于自然的观念。由于食材本身具有不同的性味，因此，融五味于菜肴之中，通过烹饪加工能够把食材本身之味与五味糅合到一起，使食品味道达到最佳效果。据《吕氏春秋·本味》记述，许多食物都有腥、臊、膻的气味，如果能将调和食物滋味的咸、苦、酸、辛、甘等五味使用好，把烹饪食物的水、木、火等三材把握好，就能制成各种美味佳肴。

最后，在用餐上，中国传统饮食讲究饮食环境气氛的和谐。中国人吃饭要有一个热闹、温馨的环境，天伦至亲或好友知己相聚围坐在一起，边吃边笑边谈话，显得十分亲密且热闹。即使和不太熟悉的客人在一起吃饭，也总会说说增进感情的话，让客人就像在自己家里一样。相反，用餐时如果主人和客人不谈话，在中国人看来，气氛就会显得冷清，是很不礼貌的行为。

（三）传统饮食的审美特征

中国的饮食，除食物本身的味道给人味觉的享受之外，食物的颜色、形状和名称，餐具的品质和风格以及就餐的环境等，都给人以美的享受。

中国烹调讲究色彩鲜明、温馨和谐，能够激发人的食欲。《山家清供》中记载：“采芙蓉花，去心、蒂，汤焯之，同豆腐煮，红白交错，恍如雪霁之霞，名‘雪霞羹’。”不难想象，这一道菜看着就是一种视觉享受。如果在主料的色彩上再配合一些副料的颜色加以点缀，更有锦上添花的美感。

中国饮食也讲究菜的造型。中国菜肴造型丰富，一盘菜经过装盘的堆放、排列、摆制、雕琢可以塑造出不同的造型。据《清异录》记载，尼姑梵正用各种食物仿二十处景观做出大型的盆景，五代吴越地区用鱼片腌制发酵做成牡丹花，不能辨出真伪。食材造型形态优美、惟妙惟肖，令人赏心悦目，给食者以美的享受。

给菜肴加上优美的名称，也能使其增加美感。有的菜名具有高雅脱俗的艺术情趣，如几片胡萝卜、一盘炒蛋清取名“红梅傲雪”，胡萝卜、西芹、黄瓜等拼在一起取名“蝶恋花”，其他菜名如“雪里藏珍”“半月沉江”等都饶有诗词意境；有的菜名具有喜庆色彩，含有祝福的美好愿望，如“鸳鸯鱼片”“龙凤呈祥”“如意冬笋”“四喜汤圆”等；有的菜名还被赋予了浓厚的人文色彩，如“东坡肉”“太白鸡”，以及和古代“四大美女”相关的“西施舌”“贵妃鸡”“貂蝉豆腐”“昭君鸭”等，听着这些菜名就会让人感受到中国传统饮食文化中人文积淀的丰富。

食器是指盛放食品的器皿。袁枚曾说：“美食不如美器。”食器使用得精当，可以增加食品的观感，提升饮食的意境。我国的饮食器具以陶瓷最为常见。瓷器不吸收水分，不与食物起化学反应，表面光滑，容易洗涤。而且，好的瓷器晶莹剔透、色彩多样，有幽雅的青花、鲜艳的釉里红、洁净的白瓷、凝重的黑瓷等，这些都给人带来很好的视觉效果。除瓷器外，还有铜器、金银器、玉器等，花样、色泽不断翻新。这些精美食器造型不一、风格别致，或玲珑小巧，或庄重典雅，或富丽堂皇，或精雕细琢，或简洁凝练，可以让人在饮食时获得丰富的审美享受。

良好的环境可以增强人的食欲。酒席欢会需要一定的环境气氛作烘托，以达到更好的效果。古代的文人雅士喜欢在大自然中宴饮，把酒赋诗，欣赏小桥流水、芳草萋萋的自然之美。有的是人造的环境，如为营造雅致的情调，唐代酒楼小店都将店里的墙壁粉白，供文人墨客在上面题诗作画；宋代的酒楼张挂名人字画；现代的饭店将音乐、舞蹈引入餐饮活动，使客人可以一边饮食一边娱乐。无论是自然还是人为的环境，都使餐饮活动更具有审美趣味。

（四）传统饮食的礼仪特征

中国是礼仪之邦，礼仪文化很自然地渗入饮食中。饮食礼仪形成于周代，以后历代沿袭因循。传统饮食礼仪的涵盖面很广，形式和内容丰富多彩：按阶层划分，有宫廷皇家食礼、官府缙绅食礼、军营将士食礼、书院士子食礼、市场商贾食礼、行帮工匠食礼、城镇居民食礼和乡村农夫食礼；按用途分，有祭神祀祖食礼、重教尊师食礼、敬贤养老食礼、生寿婚丧食礼、贺年馈节食礼、接风饯行食礼、诗文欢会食礼、社交游乐食礼、百业帮会食礼和民间应酬食礼种种。上自帝王将相，下至黎民百姓，无不与之发生广泛的联系，无不依靠它进行社会交际。在各种食礼中，都强调尊卑、长幼之别，如宴席上必须以主宾、长幼、尊卑、亲疏、贵贱排列座次，同时在饭、菜的食用上都有严格的规范，通过饮食礼仪体现等级区别。

微课堂

任务二　茶文化

中国人饮茶，不仅追求美的享受，还以茶涵养自己的情怀。一杯茶，能让人感受到它不是单纯的物质文化，也不是单纯的精神文化，而是二者巧妙的结合。

一、茶的发展

（一）饮茶

茶是中国传统的饮品，有悠久的历史，并形成了博大精深的茶文化。茶，古称“荼”，也称“茗”“槚”“荈”，相传是由神农发现的。据《神农本草经》记载：“神农尝百草，日遇七十二毒，得荼而解之。”这个“荼”就是古“茶”字。茶的发现和利用是中国人对人类文化史的一大贡献，茶至今仍是世界三大饮料之一。

茶

世界饮茶发源于中国，中国饮茶发源于四川。据文献记载，茶最初被当作一种药材，后来在医药实践中，人们才认识到茶不但可以治病，而且可以清热解渴，味道也清香扑鼻，是一种很好的饮料。

据说，在秦代以前，只有巴蜀人在种茶和饮茶。秦始皇统一中国以后，这一习惯才由四川传播开来。到西汉时，茶已由药用完全转变为饮用。三国时期，饮茶在长江流域已成为习惯。到了魏晋南北朝，南北饮茶已成风气，茶已被当作招待客人、进行社交活动的一种媒介，并且出现了咏茶的文学作品，如西晋杜育的《荈赋》。

唐宋以后，饮茶的风气已相当普遍，并且饮茶已传到西北地区。当时的一些城市里已开设了茶馆，运输茶叶的舟车源源不断。陕西省扶风县法门寺出土的唐代宫廷茶具表明，贵族饮茶还举行一定的仪式，即中国的“茶道”。805年，在天台山国清寺研习的日本僧人最澄禅师回国时把茶籽带回日本，由此开始了日本的饮茶史。17世纪以后，中国的茶叶陆续传入印度尼西亚、印度和欧美大陆，成为一种世界性的饮料。

宋代斗茶图

中国人的饮茶方式，随历史的发展而不断变化。唐宋时期通行煮茶，方法是先把茶叶碾成碎末制成茶团，饮用时捣碎，加入葱、姜、橘子皮、薄荷、枣和盐等调料一起煎煮。还有把茶叶碾碎后冲水，将茶末调成糊状喝下的，这种方式被称为“吃茶”。煮茶这种方式，不但用起来麻烦，喝起来也没有茶叶的本味。宋元以后，改煮茶为泡茶，而且不加调料，人们尝到了茶的清香。明清以后，盛行泡茶，而且喜欢饮盖碗茶。

（二）品茶

中国饮茶史上的一件大事，是唐代出现了陆羽的《茶经》。这是我国最早的一部茶叶专著。它总结了唐代以前种茶饮茶的经验，也记述了作者的切身体验，标志着茶文化的进步与转变。

陆羽（733—804年），字鸿渐，唐代复州竟陵（今湖北省天门市）人。据说他是一个弃婴，得智积禅师抚养，用《易经》占卜，得“渐”卦，卦辞为“鸿渐于陆，其羽可用为仪，吉”，遂以“陆”为姓、以“羽”为名、以“鸿渐”为字。智积禅师嗜好饮茶，陆羽从小给他煮茶，积累了许多经验；加上陆羽钻研好学，后来又游历各地，见识颇多，终于写成了这部享誉中外的《茶经》。书中从茶之源、茶之具、茶之造、茶之器、茶之煮、茶之饮、茶之事、茶之出、茶之略、茶之图十个方面，记述了饮茶的发展历史。

陆羽《茶经》之旨在于“品”，即注重茶的意趣而不注重它的功用，这也是中国茶文化的灵魂所在。由于这一贡献，陆羽被尊为“茶圣”“茶仙”。现在在他的故乡还保留着陆羽亭、文学泉等纪念他的古迹。

中国茶文化方面的名人在陆羽之后要数宋代的书法家蔡襄了。他是一位很有水平的品茶专家，著有《茶录》一书，书中记述了宋代流行的多种名茶。据说福建建安能仁寺的和尚曾把寺内自产的珍品“石岩白”送给蔡襄，后来蔡襄回到开封，朋友用上好的茶招待他，他端着闻了一下就问道："你从哪儿弄到的能仁寺'石岩白'？"这使他的朋友佩服不已。

由于茶的利用，中国文化史上形成了两种风气：一种是品评泉水，另一种是品茗赋诗。二者体现了中国人的饮茶特色。品评泉水的活动，始于陆羽。他从多年实践经验中懂得，水质的好坏对茶味的影响极大。因此，他煮茶时非常注意水的选用。据说他在云游各地时，把品尝过的泉水按水质好坏分为20等，其中庐山谷帘泉第一、无锡惠山泉第二、蕲水县兰溪泉第三、宜昌石鼻山下蛤蟆泉第四、苏州虎丘山憨憨泉第五、庐山招贤寺下招隐泉第六、扬子江南零水第七……

江西庐山谷帘泉

从陆羽以后，文人士大夫们都喜欢根据自己的经验和体会对适宜煮茶、泡茶的泉水评定等级，以显示自己在这方面的素养和水平。与陆羽差不多同时代的刘伯刍就称"扬子江南零水为第一"。文天祥经过品尝，非常赞同刘伯刍的这一主张。其后，到了清代，这种品泉风气影响到了帝王，爱好风雅的乾隆皇帝也加入品泉的行列。他的品泉标准超出煮茶、泡茶的范围，主要看泉水是不是养人，即长期饮用是不是有益于身体健康。因此乾隆认为，水质越轻，含杂质越少，则泉水越好。于是他让人特制一个银量斗，用来称量全国名泉的重量，结果北京的玉泉名列榜首，他亲自撰文立碑，名为"玉泉山天下第一泉记"，以玩笑的口吻批评陆羽，说他没有到过北方，所以不知道北京玉泉的妙处。

知识链接

天下名泉

至于品茗赋诗的风气，尚无法考证始于何时，如果从晋代杜育的《荈赋》算起，应当早于品评泉水的风气。但大抵来说，它是文人士大夫们的一种雅趣，是综合品味、赏景、清谈、修性、抒情等多种审美功能的文化活动，唐宋以来极为盛行。一般情况是文人聚集于名泉胜地，坐饮于亭台楼阁之中，见四周湖光山色，荡人心胸，于是按韵吟诗，以助雅兴。

此外，由于茶的利用，在我国古代还产生了茶礼，作为男女结婚时的媒介，即男女定亲后，男方送茶给女方作聘礼，叫作“下茶”；女方接受聘礼，叫作“受茶”。古人认为“茶不移本，植必子生”，即茶树只能下种不能移植，因此取这层含义而以茶为聘礼。过去是“男不下茶，女不出门”。茶礼以外，还有茶话，就是一边饮茶一边清谈，后来演变为“茶话会”，成为一种饮茶的聚会形式。而旧时城市中广泛开设的茶馆，则成为集中体现市民文化的一个场所。今日的茶座不过是茶馆的现代化发展罢了。

趣味故事

苏轼与茶

二、“丝绸之路”与茶马古道

（一）“丝绸之路”

茶与丝绸、陶瓷等中国特色物产一起，被带到世界各地，融于当地的生活，影响着世界文明的进程。

据历史记载，早在汉代时期，蜀地商人就走出了一条南方丝绸之路。事实上，南方丝绸之路除了丝绸，更多以茶叶、马匹等贸易为主，故也被叫作“丝茶之路”。茶叶作为大宗商品通过蜿蜒曲折的陆路和碧波万顷的海路被运至西亚乃至欧洲。在某种程度上，丝绸之路同样是一条“茶叶之路”。

中国的饮茶习俗传到国外以后，变得更加多样。中国茶文化传至日本和朝鲜半岛，形成了日本的“茶道”和韩国的“茶礼”。东南亚如马来西亚、新加坡等国家受中国文化影响较深，习惯冲泡乌龙、普洱、花茶。茶文化传播到欧洲的英国，喝下午茶已经成为英国人的一种生活习惯。当今世界的饮茶风俗，因民族传统、地域民情和生活方式的不同而各有所异，然而“客来敬茶”却是很多地区的共同礼俗。

（二）茶马古道

茶马古道起源于唐宋时期的“茶马互市”。藏、川、滇边地出产的骡马、毛皮、药材等和川、滇及内地出产的茶叶、布匹、盐、日用器皿等，在横断山区的高山深谷间进行着货物流动并随着社会经济的发展而日趋繁荣，形成一条延续至今的“茶马古道”。茶马古道是以马帮为主的民间商贸通道，是中国西南民族经济文化交流的走廊。茶马古道分川藏线、滇藏线两路。

2013年3月5日，茶马古道被国务院列为第七批全国重点文物保护单位。

知识链接

茶的分类

三、茶艺

（一）茶艺的概念

茶艺是饮茶活动中形成的一种文化现象，包括茶叶品评技法、艺术操作鉴赏、品茗环境领略等整个品茶过程的美好意境，其过程体现了形式和精神的统一，是中国文化之国粹。茶艺包括选茗、择水、烹茶技术、茶具艺术、环境选择等一系列内容。茶艺背景是衬托主题思想的重要手段，它能够渲染茶性清纯、幽雅、质朴的气质，增强艺术感染力。不同风格的茶艺有不同的背景要求，只有选对了背景才能更好地领会茶的滋味。

（二）茶艺的内容

茶艺的内容主要包括以下几个方面。

1. 茶叶的基本知识

学习茶艺，先要了解和掌握茶叶的分类、品质特点、制作工艺，以及茶叶的鉴别、储藏、选购等内容。这是学习茶艺的基础。

2. 水的基本知识

学习茶艺，必须懂得水。茶性必发于水，无水何以谈茶？陆羽在《茶经》中明确指出："其水，用山水上，江水中，井水下。其山水，拣乳泉石池慢流者上。"

3. 茶艺的技术

茶艺的技术是指茶艺的技巧和工艺，包括茶艺表演的程序、动作要领、讲解的内容，茶叶色、香、味、形的欣赏，茶具的欣赏与收藏等内容。这是茶艺的核心部分。

4. 茶艺的礼仪

茶艺的礼仪是指服务过程中的礼貌和礼节，包括服务过程中的仪容仪表、迎来送往、互相交流和彼此沟通的要求与技巧等内容。

5. 茶艺的规范

茶艺要真正体现出茶人之间平等互敬的精神，因此对宾客都有规范的要求。作为客人，要以茶人的精神与品质去要求自己，投入地去品茶、赏茶。作为服务者，也要符合待客之道，尤其是茶艺馆，其服务规范是决定服务质量和服务水平的一个重要因素。

6. 悟道

道是指一种修行，是人生的哲学，属于精神的内容。悟道是通过泡茶与品茶去感悟生活、感悟人生和探寻生命的意义。这是茶艺的最高境界。

（三）茶艺的器具

在开始学习茶艺时，需要准备的基本器具有：煮水壶（随手泡）一只、茶海（茶船）一个、无色透明玻璃杯若干、四至六人量的紫砂壶一把、公道杯一只、品茗闻香杯若干套（包括品茗杯和闻香杯）、大盖碗若干（陶瓷、紫砂随意）、茶席、新茶巾（小毛巾）一条。有了这些，我们就可以从中组合出大部分茶艺需要的用具，如绿茶茶艺、红茶茶艺、乌龙茶茶艺、花茶茶艺、普洱茶茶艺等。除此之外，茶道“六君子”也是必备之物。茶筒用来盛放茶艺用品；茶匙（茶勺）为盛茶入壶之用具；茶漏则用于置茶时放在壶口上，以导茶入壶；茶则可配合茶匙，拨弄茶叶进入茶壶使用；茶夹（茶铲）可将茶渣从壶中夹出，也可用来夹着茶杯洗杯，既防烫又卫生，还可以夹取一些大块的茶（如普洱等）；茶针（茶通）的功用是疏通茶壶的内网，以保持水流畅通，或放入茶叶后把茶叶拨匀，使碎茶在底、整茶在上。

茶席

茶道“六君子”

经典赏析

《惠山茶会图》

扫一扫

（四）茶的精神内涵

中国茶文化中一个特有的现象是茶与书、画、戏曲等艺术形式结缘很深，这拓展了茶文化的审美宽度和深度。

茶文化是物质与精神的结合。茶作为一种物质，它的形体是千姿百态的；茶作为一种文化，又有着深邃的内涵，尤其茶德是中国茶道思想的灵魂。

茶文化是实用功能与审美情趣的结合。茶文学艺术作品、茶艺、茶道、茶礼等，能满足人们的生活所需，既是艺术的展示，又是民俗的体现。茶文化发展至现代，茶的社会功能更加突出，主要表现在以茶会友、以茶养性、以茶作诗、以茶作画、以茶献艺等。

茶文化是实用与娱乐的结合。茶文化活动，促使人们以健康、向上及平和的心态追求美好生活。

茶文化是高雅与通俗的结合。与茶有关的诗词、歌舞、戏曲、书画、雕塑，体现了茶文化的高雅性；民间的饮茶习俗及由此产生的有关茶的民间故事、传说、谚语等，体现了茶文化的通俗性。

课后思考

一、填空题

1.“五谷”是古代粮食作物的统称，其所包括的品种，最主要的说法有两种：一种是“黍、稷、麦、菽、麻”为五谷，另一种是“________、________、________、________、________”为五谷。

2. 从商周开始，中国人的饮食采取的是 ________。那时还没有桌椅板凳，人们吃饭只能坐在席子上，饭菜放在食案上，一人一案，无法进行合餐。

3. 茶，古称“荼”，也称“茗”“槚”“荈”，相传是由 ________ 发现的。

4. 茶艺包括选茗、择水、烹茶技术、________、________ 等一系列内容。

5. 据历史记载，早在 ________ 时期，蜀地商人就走出了一条南方丝绸之路。

二、判断题

(   ) 1. 被公认且有历史记载的中国“厨神”是彭祖、伊尹、易牙。他们或有烹饪理论流传后世，或有高超烹饪技艺被载入史册，在中国烹饪开创时期占有重要地位，成为厨师的始祖。

(   ) 2. 中国传统饮食在食品烹饪上强调“咸、苦、酸、辛”的四味调和。

(   ) 3. 2013 年 3 月 5 日，茶马古道被国务院列为第七批全国重点文物保护单位。

(   ) 4. 南方丝绸之路除了丝绸，更多以茶叶、马匹等贸易为主，故也被叫作“丝茶之路”。

(   ) 5. 由于茶的利用，在我国古代产生了茶礼，作为男女结婚时的媒介，即男女定亲后，男方送茶给女方作聘礼，叫作“受茶”。

三、简答题

1. 简述茶艺的主要内容。
2. 简述《茶经》的作者及主要记录的内容。
3. 简述茶的精神内涵。

课后实践

任务实施

学习完本项目内容后，认真完成任务单。

项目七任务单

任务主题	介绍家乡传统美食
任务要求	介绍家乡的一种传统美食，收集这种传统美食的历史故事
任务总结	分组抽签选定美食（各组最好不重复），将成果制作成 PPT，并向同学展演讲解。

任务评价

请各小组选出一名代表展示任务实施的成果，并配合指导教师完成任务评价表。

项目七任务评价表

评价项目	评价内容	分值	评价分值		
			自评	互评	师评
职业素养考核项目	考勤、仪容仪表	10			
	团队交流与合作意识	10			
	创新意识、纪律意识	10			
专业能力考核项目	积极参与教学活动并正确理解任务要求	10			
	认真收集并积极介绍家乡的美食	10			
	任务实施过程记录表的完成度	10			
	对中国传统饮食的掌握程度	20			
	能够准确理解传统饮食的审美与内涵	20			
合计：综合分数_____自评（20%）+ 互评（20%）+ 师评（60%）		100			
综合评价：					

项目八

仰望绚烂科技：中国传统科技

项目导读

科技是科学技术的简称。通常，我们把关于自然现象和自然规律的知识体系称为科学，它是人类探索和研究宇宙万物变化规律的知识体系的总称，主要包括数学、物理、化学、天文学、地理学、农学、医学等学科。技术是人类为了满足自身需要，在遵循自然规律的基础上，在长期实践的过程中，积累起来的经验、知识和技巧，可以理解为工具和方法的知识，有建筑、冶金、纺织、造纸、印刷等分类。

中国古代，在科技领域有着辉煌的成就，英国科学技术史专家李约瑟曾说过："我们必须记住，在早些时候，在中世纪时代，中国在几乎所有的科学技术领域内，从制图学到化学炸药都遥遥领先于西方。"中国古代科技的整体观和方法论对现代科技的发展具有深刻的借鉴意义。

学习目标

知识目标

△熟悉古代天文历法
△了解古代农业与纺织业
△认知古代中医中药的内涵

能力目标

△掌握中国的二十四节气
△了解古代纺织业的发展
△熟悉中医的治疗方法

素养目标

△了解中医学中辨证诊治的哲学思想
△领悟中医诊治中的人文关怀精神
△培养探索、实证、创新、独立的科学精神

思维导图

- 中国传统科技
  - 天文历法
    - 历法编制与二十四节气
    - 天文仪器
  - 古代农业与纺织业
    - 古代农业发展概况
    - 古代纺织业
  - 中医中药
    - 中医药的发展与哲学思想
    - 中医四诊与治疗方法
    - 中医药四大经典与四大名医

任务清单

完成一项学习任务后，请在对应的方框中打钩。

课前预习	去图书馆查阅中国传统科技的相关资料	□
	通过网络或其他渠道了解中国传统科技的发展	□
课中学习	认真学习中国传统科技所取得的成果	□
	认知中国传统科技的时代价值	□
课后巩固	完成课后相关习题	□
	完成课后实践环节任务单	□

微课堂

任务一　天文历法

天文学是研究宇宙空间天体、宇宙的结构和发展的学科，内容包括天体的构造、性质和运行规律等。天文学是一门古老的科学，自有人类文明史以来，人们就一直在探索和研究天文规律。中国古代天文学十分发达，取得了伟大的成就，并得到了广泛的应用。这些成就和应用主要体现在对天象的记录、对天体的测量和历法的编制及应用上。

知识链接

《夏小正》

一、历法编制与二十四节气

（一）历法编制

我国古代天文学成就主要体现在历法上。历法是根据天象变化规律，计量时间间隔，判断气候变化，预示季节来临的法则。历法的内容包括年、月、日的安排和节气的调整等。

人们根据地球自转而产生的昼夜交替现象，形成了“日”的概念；根据月亮绕地球公转而产生的朔望现象，形成了“月”的概念；根据地球绕太阳公转而产生的四季交替现象，形成了“年”的概念。“年”“月”“日”这三个概念所产生的依据是互相独立的。

根据精确测定，地球绕太阳公转一周的时间约为365.242 2平太阳日，这叫一个回归年。而从一次新月到接连发生的下一次新月的时间间隔为29.530 6平太阳日，这叫一个朔望月。以回归年为单位，在一年中安排多少个整数月，在一个月中又安排多少个整数天的方法，以及怎样选取一年的起算点的方法称为历法。历法的复杂性在于回归年和朔望月这两个周期和“日”之间不是整数倍的关系，且它们两者之间也不是整数倍关系，所以总是顾此失彼，不能同时协调。

出于上述原因，历法一般分为三类：太阴历、太阳历和阴阳历。以朔望月作为确定历月的基础，一年为12个历月的历法称为太阴历，简称阴历；以回归年作为历年的基础，一年分为12个月（和朔望月无关）的历法称为太阳历，简称阳历；兼顾朔望月和回归年的历法称为阴阳历。

在清朝末期启用西历（公历）之前，中国历史上一共产生过102部历法，这些历法中有的曾经对中国文化与文明产生过重大影响，如夏历、殷历、周历、西汉太初历、南朝大明历、唐朝大衍历、元朝授时历等。

知识链接

汉历

（二）二十四节气

我国古代是传统的农业社会，为了让历法能够配合自然季节，古人通过观察太阳周年运动，认知一年中时令、气候、物候等方面的变化规律，创造出二十四节气来指导传统农业生产和日常生活。二十四节气是中国传统历法体系的重要组成部分，在国际气象界，这一时间认知体系被誉为“中国的第五大发明”。

节气的名称最早出现在殷商时期，最早一批出现的节气是“二分”（春分、秋分）和“二至”（夏至、冬至）;《吕氏春秋》记载，春秋时期出现了立春、立夏、立秋、立冬等节气；西汉初年，《淮南子》一书中出现了全部的二十四节气。在其后的几千年中，二十四节气在中国古代社会指导农业耕种方面作出了巨大贡献。2016年11月30日，二十四节气被正式列入联合国教科文组织人类非物质文化遗产代表作名录。

按照先后顺序，二十四节气依次是立春、雨水、惊蛰、春分、清明、谷雨、立夏、小满、芒种、夏至、小暑、大暑、立秋、处暑、白露、秋分、寒露、霜降、立冬、小雪、大雪、冬至、小寒和大寒。

知识链接

二十四节气歌

二、天文仪器

古代没有时钟，为了计时，古人发明了一系列计时工具，如土圭、漏壶和日晷等，这些计时工具在古代中国得到了长期而广泛的应用。为了测量天体，古人发明了以浑天仪、简仪为代表的天体测量仪器，这些仪器为古人更好地了解天体运行规律发挥了巨大的作用，体现了古人的智慧。

（一）土圭

土圭是最古老的计时仪器，相传产生于尧帝时期。土圭构造简单，是一种测量日影长短的工具。公元前 7 世纪，古人通过用土圭观察太阳光投射的杆影的移动规律和长短，分出冬至、夏至、春分和秋分。

土圭

（二）漏壶

漏壶也称漏刻，大约发明于夏、商时期。人们利用水均衡滴漏的原理，通过观测壶中刻箭上显示的数据来计算时间。下图中的漏壶造于元延祐三年（1316 年），现藏于中国国家博物馆。

漏壶

（三）日晷

日晷发明于汉代以前，本义是指太阳的影子，其原理就是利用太阳的投影方向来测定并划分时刻，通常由晷针（表）和晷面（带刻度的表座）组成。

日晷

（四）浑天仪

中国古代的宇宙理论认为，“浑天如鸡子，天体圆如弹丸，地如鸡中黄”，天内充满了水，天靠气支撑着，地则浮在水面上。浑天仪是我国古代观测天体位置的仪器，包含浑仪和浑象两部分，浑仪是测量天体球面坐标的一种仪器，浑象是用来演示天象的仪表。东汉天文学家张衡在汲取前人经验的基础上，改进了浑天仪，更好地发挥了其测量天体的作用。我国现存最早的浑天仪制造于明朝，现藏于南京紫金山天文台。

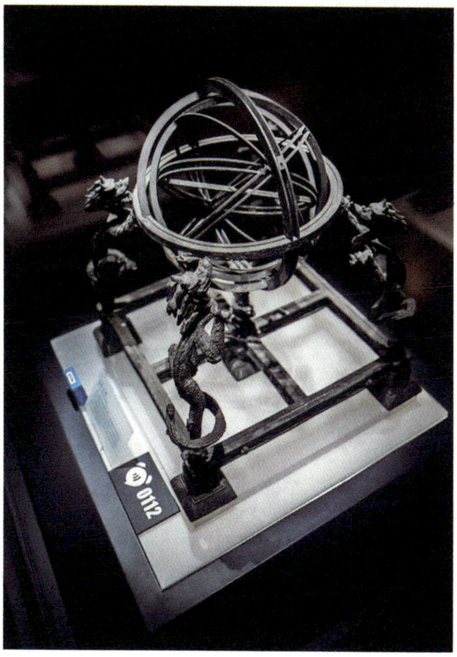

浑天仪

（五）简仪

简仪是元代天文学家郭守敬于1276年创制的一种测量天体位置的仪器。该仪器因将结构繁复的唐宋浑仪加以革新简化而成，故称简仪。简仪的创制是中国天文仪器制造史上的一大飞跃，是当时世界上的一项先进技术，直到1598年丹麦天文学家第谷才发明了与之类似的装置。

简仪

微课堂

任务二　古代农业与纺织业

一、古代农业发展概况

中国自古以农业立国，将农业生产作为生存与发展的根本。世界上没有任何一个国家像中国这样，几千年来始终把农业放在社会政治和经济生产的首位。中国古代对农学的研究历来受到人们的重视，并且取得了丰硕的成果。

考古证明，大约在距今7 000年前的新石器时代早期，中国就已经有了比较发达的原始农业。在浙江省余姚市的河姆渡遗址中，就发现了世界上最早栽培的稻谷以及骨制农具。在黄河流域仰韶文化的许多遗址中，都曾发现了粟以及储存粟的窖穴。其后，文献中有夏、商、周重视农业生产的记载。周人的祖先后稷就是一位农业生产的专家，相传他曾教民耕稼，因而在陕西省武功县还保留着纪念他的“教稼台”。在春秋战国以前，人们基本上使用石制或骨制农具，其中主要是双齿的耒和铲形的耜。到了春秋时期，人们已部分使用铁器，并逐渐代替石器，从而提高了劳动生产率，促进了农业生产的快速发展。

农业生产经验的积累和生产技术的进步，反映到思想领域，就是对生产经验和生产技术的研究和总结，因而诞生了许多农学家和农学著作。战国时代出现的《神农书》《野老书》已经失传，其内容不得而知。今天我们所能看到的是《吕氏春秋》里的《上农》《任地》《辨土》《审时》等四篇文章和散见于诸子百家著作中的零星资料。《吕氏春秋》的四篇文章，不但提出了流传数千年的重农思想、阐述了土地利用的原则，而且从农业生产的三要素——天、地、人的角度，论述了三者之间的关系，总结出了“不违农时”的生产规律。此外，《管子·地员》可以看作我国最早的土壤分类学文献，《尚书·禹贡》则记载了依据土壤肥沃程度划分土地等级的方法。

在魏晋南北朝以前，我国的经济重心主要在黄河流域，这里的农业生产比较发达，生产技术也比较先进，因而对农学的研究也比较集中。西汉时的氾胜之所著《氾胜之书》，总结了北方旱地特别是关中地区的耕作制度，提出了“趣时”“和土”“务粪泽”“早锄早获”的生产原则。

北魏时的贾思勰所著的《齐民要术》，系统总结了黄河流域的农业生产经验，阐述了古代因地制宜、因时制宜的农学思想，并根据北方农业生产的特点提出了一系列精耕细作、保墒施肥的方法，成为中国历史上最重要的农学著作之一。

知识链接

《齐民要术》　《王祯农书》

二、古代纺织业

中国的纺织技术具有非常悠久的历史，相传嫘祖缫丝养蚕开辟了纺织先河。在嫘祖的倡导下，古人开始了栽桑养蚕，后人尊称她为“蚕母娘娘”。其实，嫘祖只是我国古代千千万万劳动人民中的一个代表。我们的祖先在日常劳动生活中，发挥自己的聪明才智，不断发明创造，缫丝养蚕是其中的重要成就之一。

中国古代纺织品以麻、丝、毛、棉的纤维为原料，加工成纱线后经编织和机织而成布帛。中国早在新石器时代就已经掌握了纺织技术，中国古代的丝麻纺织技术已达到相当高的水平，在世界上负有盛名。

我国古代纺织生产大约在旧石器时代晚期已见萌芽，距今约 2 万年的北京山顶洞人就已学会利用针来缝制苇、皮衣服。这种原始的缝纫术虽不是严格意义上的纺织，但可以说是原始纺织的萌芽。真正的纺织技术起源于新石器时代。新石器时代，原始纺织业开始呈现欣欣向荣、日新月异的大发展趋势：甘肃秦安大地湾出土的陶纺轮，表明原始的纺织业在西北地区出现，距今约 8 000 年；浙江余姚河姆渡遗址出土了木质纺车和纺机零部件，距今约 7 000 年；江苏吴县（今苏州市区）草鞋山遗址发现了迄今最早的葛纤维纺织品，距今约 6 000 年；河南郑州青台遗址出土的丝帛残片是迄今最早的丝织品实物，距今约 5 500 年；山西夏县西阴村仰韶文化遗址发现了迄今最早的蚕茧实物，距今约 5 000 年；浙江吴兴钱山漾遗址发现了丝带、丝绳和丝帛残片，距今约 4 700 年，表明此时丝织技术已具有相当的水平。

中国古代纺纱工具分手摇纺车、脚踏纺车、大纺车等几种类型。

手摇纺车约出现在战国时期，由木架、锭子、绳轮和手柄组成。常见的手摇纺车是锭子在左，绳轮和手柄在右，中间用绳弦传动，可由一人操作，更适合一家一户的农村副业之用。

古代的卧式手摇纺车

脚踏纺车约出现在东晋时期，由纺纱结构和脚踏部分组成。脚踏纺车是在手摇纺车的基础上发展起来的，采用连杆和曲柄将脚的往复运动转变成圆周运动，以代替手摇绳轮转动。

元代脚踏纺车

大纺车出现在北宋时期，由加捻卷绕结构、传动结构和原动结构组成。原动结构是一个和手摇纺车绳轮相似的大圆轮，轮轴装有曲柄，需专人用双手来摇动。南宋后期出现了以水为动力驱动的水转大纺车，在元朝时期盛行于中原地区，主要用于加工麻纱和蚕丝，是当时世界上先进的纺织机械。宋元时期，黄道婆改进了棉纺技术，对棉纺技术的普及和发展作出了重大贡献。

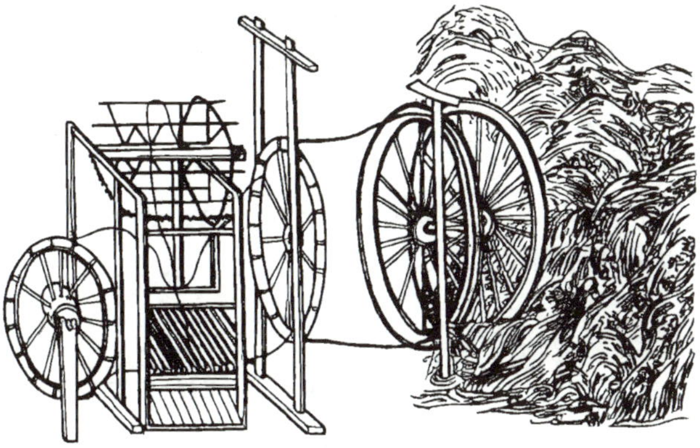

清代水转大纺车

趣味故事

黄道婆的故事

经典赏析

素纱禅衣

扫一扫

任务三　中医中药

微课堂

一、中医药的发展与哲学思想

我国的中医学在世界医学史上独树一帜，是中华传统文化中最珍贵的遗产之一。它的最大特点就是诊断和治疗的整体观念：它把人体的生理机能看作一个整体，进而把人体的生理机能与自然环境看作一个整体，把治病过程看作一个统一性运动，认为人体各部位器官的功能休戚与共，自然环境影响人体的生理功能，人的病理过程实际上就是外在环境作用于内部机体的过程，是一个由表及里、由虚到实的过程。因此，中医诊治强调“四诊”“八纲”。“四诊”即“望”（望色）、“闻”（闻味）、“问”（问情）、“切”（切脉），“八纲”即“阴”“阳”“表”“里”“寒”“热”“虚”“实”。医生正是在“四诊”的基础上，依照“八纲”之间相互对立统一的关系，对病人进行综合的辨证施治。

中医的这些理论和治疗方法历史悠久，且受到中国古代哲学“天人合一观”和“阴阳五行学说”的深刻影响。

（一）中医药的发展

据文献记载，早在四五千年前的原始社会已开始有医药。传说中的神农遍尝百草发现药材，可以看作是这一事实的佐证。成书于先秦至西汉间的《黄帝内经》，全面奠定了中医理论的基础。司马迁在《史记》中描写的战国扁鹊和西汉淳于意（仓公），可以说是早期杰出医学家的代表。成语“病入膏肓”和“讳疾忌医”，都出自扁鹊治病的故事，而仓公则在中国医学史上首创了病历。扁、仓二人一直是中国药王庙里供奉的鼻祖。

汉代名医首推张仲景与华佗，二人都对中国医学发展作出了巨大贡献。张仲景（约 150—219 年），名机，南阳（今河南省南阳市）人。据说其曾任长沙太守，因当时伤寒流行，死亡人数很多，他“勤求古训，博采众方”，写成医学巨著《伤寒杂病论》（即今《伤寒论》和《金匮要略》两部分）。他总结和创制的 200 余种处方，贯彻了“理”（医学理论）、“法”（治疗原则）、“方”（处方）、“药”（用药）一致的原则，治疗效果显著，一直沿用至今。由于他卓越的医学成就，被后人尊为“医圣”，在其家乡建有规模宏大的医圣祠纪念他。华佗（约 145—208 年），沛国谯县（今安徽省亳州市）人，他的贡献是首创中医外科，《三国演义》里描写他为关羽刮骨疗毒的故事至今仍为人们传诵。他发明的一种名叫“麻沸散”的中药，具有麻醉全身的作用，可惜他后来被曹操杀害，其医学著作未能流传下来。东汉时期集结整理成书的《神农本草经》，收载药物达 360 余种，大大推动了后世中药学的发展。

魏晋隋唐，中医药在理论和实践上都有新的总结和提高。首先是晋代王叔和在总结前代经验的基础上，编写了《脉经》一书，详细描述了脉象所反映的各种病症；由晋代葛洪编撰的《肘后备急方》，搜集了大量治疗有效的处方；隋代巢元方等编写的《诸病源候论》，专门描述病情、分析病理，确定了诸多病症的病名；唐代名医孙思邈（581—682 年）投入毕生精力从事治疗和著述，他先后编成的《千金要方》和《千金翼方》，载方 6 000 余条，涉及中医百科，被誉为中医百科全书式的巨著。孙思邈长期活动的陕西省铜川市耀州区药王山至今仍保留着刻有孙氏药书的石碑。唐显庆二年（657 年），唐朝官方组织人员在南朝医学家陶弘景补充的基础上，将《神农本草经》扩编为《新修本草》，并向天下颁布，这是我国第一部国家药典，也是世界上最早的国家药典。

宋元以后，对中医理论的探讨日趋活跃，在学术上形成了许多流派，主要有“金元四大家”：主张用药首应泻火清热的刘河间，被称为“泻火派”；主张脾胃为本，治法采用补气升阳的李东垣，被称为“补土派”；主张攻邪去病，反对滥用补药的张子和，被称为“攻邪派”；取三家之长，主张泻火养阴的朱丹溪，被称为“养阴派”。明清以后，又有许多名医各有所长，都对中国医学作出了应有的贡献。明代医学取得伟大成就的是李时珍（1518—1593 年），他编写了药典巨著《本草纲目》。他用了近 30 年时间，查阅了数百家文献，并且亲自外出考察、研究，录入 1 892 种药物，为中国医学写下了光辉的篇章。

知识链接

屠呦呦与青蒿素

（二）中医药文化蕴含的哲学思想

中医药根植于中国传统文化的沃土，中医先贤以中华传统文化中的哲学思想和思维方式去探索生命，发现疾病的前因后果，以此为指导诊治疾病，进而形成了一套独具特色和魅力的生命认知体系。

整体观念：中医认为人体是一个整体，在生理上相互关联，病变时相互影响。同时，自然界的变化可直接或间接地影响人体，而机体则相应地产生反应。因此，中医强调人与自然、社会的整体联系。诊病时，不但要诊察病人本身的体质特征，还要结合当时的节气、人的生活环境、人际关系等。所以，中医以人体内外环境统一的整体观念，解释人得各种疾病的原因。而贯穿中医的阴阳五行学说，奠定了中医的理、法、方、药四个层次的基础。

辨证论治：“辨证”就是将望、闻、问、切所收集的信息，概括为某种性质的症候的过程；“论治”是根据辨证分析的结果来确定相应的治疗原则和治疗方法。辨证和论治，是诊治疾病过程中相互联系的两个方面，是理论和实践相结合的体现，是理、法、方、药在临床上的具体运用，是指导中医临床的基本原则。辨证论治的过程，实质上是中医学认识疾病和治疗疾病的过程。

技术与文化：中医药的技术属性主要体现在：在“治未病”中运用中医养生保健技术预防疾病的主导作用，在治疗重大疾病中突出中医诊疗特色与西医联合攻关的协同作用，以及在康复过程中使中医药成为疾病康复首选和重要手段的核心作用。中医药的文化属性是注重在治疗疾病的时候给予人文关怀，这是以人为本的人本精神的集中体现。

知识链接

《黄帝内经》中的养生格言

二、中医四诊与治疗方法

（一）中医四诊的具体方法

中医四诊是指春秋战国时期名医扁鹊提出的“四诊法”：望、闻、问、切。这四种诊法至今依然普遍使用，是中医辨证施治的重要依据。

1. 望诊

通过观察病人的神、色、形、态、舌象等以测知内脏病变，确定病位、病性。中医通过大量医疗实践，逐渐认识到机体外部特别是面部、舌质、舌苔与脏腑的关系非常密切。

2. 闻诊

通过听声音和闻气味，以了解病人身体发出的各种异常声音和气味，诊察病情。

3. 问诊

通过询问病人或陪诊者，了解疾病的发生发展、治疗经过、当前症状及其他与疾病有关的情况，以诊察疾病。

4. 切诊

通过切按病人的脉搏和触按病人的皮肤、胸腹、手足以诊察疾病。

（二）中医治疗方法

中医治疗方法按治疗途径可分为外治、内治两大类。外治有针灸疗法、推拿疗法、拔火罐疗法等，内治则有各种中草药疗法。除各种具体疗法以外，中医还有极其重要的治疗思想，如强调营养为主、精神为主、预防为主、整体为主等。

中药是在中医理论指导下用于预防、治疗疾病并具有康复与保健作用的药物。中药主要来源于天然药及其加工品，包括植物药、动物药、矿物药及部分化学、生物制品类药物。

针灸是针法和灸法的总称。针法是指在中医理论指导下把针具刺入患者体内，运用捻转与提插等手法来对人体特定部位进行刺激而治疗疾病。灸法是以预制的灸炷或灸草在体表一定的穴位上烧灼、熏熨，利用热的刺激来预防和治疗疾病，通常以艾草最为常用。

推拿指用手在人体上按经络、穴位，用推、拿、提、捏、揉进行治疗。

拔罐指以罐为工具，利用燃火、抽气等方法产生负压，使之吸附于体表，造成局部淤血，以通经活络、行气活血、消肿止痛、祛风散寒。

刮痧以中医经络腧穴理论为指导，使用特制刮痧器具和相应手法，蘸取刮痧油在体表进行反复刮动、摩擦，使皮肤局部出现红色血点等“出痧”变化而治疗疾病。

外敷是指将中药敷于患处或穴位，以达到舒筋活络、消肿止痛、拔毒等功效。

三、中医药四大经典与四大名医

（一）中医药四大经典

《黄帝内经》《难经》《伤寒杂病论》《神农本草经》是中医药四大经典巨著。它们在中医药发展史上具有重要作用，具有里程碑式的意义，对古代乃至当代中医药都有着巨大的指导作用与研究价值。

《黄帝内经》第一次系统地讲述了人的生理、病理、疾病、治疗的原则和方法，是中国影响极大的一部医学著作。《黄帝内经》中还有许多与人体健康有关的其他内容，特别是其中的“治未病”思想，对当代中医临床仍然具有非常重要的指导意义。《黄帝内经》蕴藏了很多哲理，医德思想内涵丰富、外延广泛。2011 年 5 月，《黄帝内经》成功入选联合国教科文组织的《世界记忆名录》。

《难经》传为秦越人（扁鹊）所作。《难经》之“难”字，有“问难”或“疑难”之义。全书共八十一难，采用问答方式，探讨和论述了中医的一些理论问题，内容包括脉学、经络、脏腑、疾病、腧穴、针法等方面。这些内容对后世医学理论的发展有着深远的影响。

《伤寒杂病论》的作者是东汉末年著名医学家、被后人尊称为“医圣”的张仲景。《伤寒杂病论》系统分析了伤寒的原因、症状、发展阶段和处理方法，创造性地确立了对伤寒病“六经分类”的辨证施治原则，奠定了理、法、方、药的理论基础。它是我国第一部临床治疗学方面的巨著。

《神农本草经》是于东汉时期集结整理成书，是众多医学家收集、总结、整理当时药物学经验成果的专著，是对中国中医药的第一次系统总结，是中医药物学理论发展的源头。

（二）中国古代四大名医

扁鹊，姓秦，名越人，战国时著名医学家，由于医术高超，人们借用黄帝时的神医“扁鹊”的名号来称呼他。扁鹊精于内、外、妇、儿、五官等科，在诊视疾病中应用了中医四诊法。扁鹊还精于外科手术。扁鹊在诊断、病理、治法上对我国医学作出了卓越的贡献。

张仲景，东汉末年著名医学家，被后人尊称为“医圣”。张仲景广泛收集医方，写出了传世巨著《伤寒杂病论》，对于推动后世医学的发展起了巨大的作用。

华佗，东汉末年著名医学家。他医术全面，尤其擅长外科，精于手术，并精通内、妇、儿、针灸各科。由于他在治疗中临证施治、诊断精确、方法简便、疗效神速，被誉为“神医”。华佗首创药物全麻术，被尊奉为外科之鼻祖，他创编的“五禽戏”流传至今。

李时珍，明代著名医药学家，着重于药物研究，重视临床实践。李时珍著有《本草纲目》一书，共52卷，收药1 892种，被称作“东方医药巨典”。另外他还有多部医学著作流传于世，被后世尊为“药圣”。

经典赏析

铭座

（宋）陆游

天下本无事，庸人自扰之。
吾身本无患，卫养在得宜。
一毫不加谨，百疾所由滋。
人生快意事，噬脐莫能追。
汝顾不少忍，杀身常在斯。
深居勿妄动，一动当百思。
每食视本草，此意未可嗤。
赋诗置座右，终身作元龟。

扫一扫

铭座
【注释 译文】

趣味故事

对症下药

课后思考

一、填空题

1. ________ 是研究宇宙空间天体、宇宙的结构和发展的学科，内容包括天体的构造、性质和运行规律等。

2. 历法一般分为三类：________、________ 和阴阳历。

3. 中医的理论和治疗方法有非常悠久的历史，而且受到中国古代哲学“________”和“阴阳五行学说”的深刻影响。

4. 中医以人体内外环境统一的整体观念，解释人得各种疾病的原因。贯穿中医的阴阳五行学说，奠定了中医的 ________、________、________、________ 四个层次的基础。

5. 中国早在 ________ 就已经掌握了纺织技术，中国古代的丝麻纺织技术已达到相当高的水平，在世界上负有盛名。

二、判断题

（　）1. 北魏时的贾思勰所著的《齐民要术》，系统总结了黄河流域的农业生产经验，阐述了古代因地制宜、因时制宜的农学思想，并根据北方农业生产的特点，提出了一系列精耕细作、保墒施肥的方法，成为中国历史上最重要的农学著作之一。

（ ）2. 浑天仪是我国古代观测天体位置的仪器，包含浑仪和浑象两部分，浑象是测量天体球面坐标的一种仪器，浑仪是用来演示天象的仪表。

（ ）3. 古代没有时钟，为了计时，古人发明了一系列计时工具，如土圭、漏壶和日晷等，这些计时工具在古代中国得到了长期而广泛的应用。

（ ）4. 到了春秋时期，人们已部分使用铁器，并逐渐代替石器，从而提高了劳动生产率，促进了农业生产的快速发展。

（ ）5. 中国古代纺纱工具分手摇纺车、脚踏纺车、大纺车等几种类型。

三、简答题

1. 简述中医四诊的具体方法。
2. 简述中医药领域的四大经典。
3. 简述中医药文化蕴含的哲学思想。

课后实践

任务实施

学习完本项目内容后，认真完成任务单。

项目八任务单

任务主题	中医诊法交流
任务要求	交流自己或家人曾接受过的中医治疗方法
任务总结	总结交流结果，分析中医诊疗方法中蕴含的哲学思想

任务评价

请各小组选出一名代表展示任务实施的成果，并配合指导教师完成任务评价表。

项目八任务评价表

评价项目	评价内容	分值	评价分值		
			自评	互评	师评
职业素养考核项目	考勤、仪容仪表	10			
	团队交流与合作意识	10			
	创新意识、纪律意识	10			

续表

评价项目	评价内容	分值	评价分值		
			自评	互评	师评
专业能力考核项目	积极参与教学活动并正确理解任务要求	10			
	认真总结并积极讨论中医的诊疗方法	10			
	任务实施过程记录表的完成度	10			
	对中医中药的认知程度	20			
	能够准确理解中医中药的时代价值	20			
合计：综合分数____自评（20%）+互评（20%）+师评（60%）		100			
综合评价：					

参考文献

[1] 黄爱春，劣雅丽．中华优秀传统文化 [M]．长沙：中南大学出版社，2021.

[2] 黄毅，梁洁．中国文化要论 [M]．北京：清华大学出版社，2020.

[3] 雷武逵．感悟中华优秀传统文化 [M]．北京：北京师范大学出版社，2020.

[4] 尤根地，张寿奎，王永成．中华优秀传统文化 [M]．北京：中国人民大学出版社，2019.

[5] 陈引驰，王希明．传统文化与人生 [M]．上海：华东师范大学出版社，2019.

[6] 过常宝．中华优秀传统文化读本 [M]．北京：北京师范大学出版社，2017.

[7] 胡恒庆．中国传统文化 [M]．北京：中国人民大学出版社，2017.

[8] 叶碧，魏俊杰，刘小成．中国优秀传统文化概论 [M]．杭州：浙江大学出版社，2017.

[9] 程裕祯．中国文化要略 [M]．4 版. 北京：外语教学与研究出版社，2017.

[10] 李山．解读诗经 [M]．北京：国家图书馆出版社，2017.

图书在版编目（CIP）数据

中华优秀传统文化 / 冯瑞等主编. -- 北京：中国人民大学出版社，2024.4
新编 21 世纪高等职业教育精品教材. 公共基础课系列
ISBN 978-7-300-32600-9

Ⅰ. ①中… Ⅱ. ①冯… Ⅲ. ①中华文化 – 高等职业教育 – 教材 Ⅳ. ① K203

中国国家版本馆 CIP 数据核字（2024）第 043568 号

新编 21 世纪高等职业教育精品教材 · 公共基础课系列
山西省“十四五”首批职业教育规划教材立项建设教材
中华优秀传统文化
主　编　冯　瑞　李永红　康晓玲　宋文华
Zhonghua Youxiu Chuantong Wenhua

出版发行	中国人民大学出版社		
社　　址	北京中关村大街 31 号	**邮政编码**	100080
电　　话	010 – 62511242（总编室）		010 – 62511770（质管部）
	010 – 82501766（邮购部）		010 – 62514148（门市部）
	010 – 62515195（发行公司）		010 – 62515275（盗版举报）
网　　址	http:// www. crup. com. cn		
经　　销	新华书店		
印　　刷	中煤（北京）印务有限公司		
开　　本	787 mm × 1092 mm　1/16	**版　　次**	2024 年 4 月第 1 版
印　　张	11.75	**印　　次**	2024 年 4 月第 1 次印刷
字　　数	255 000	**定　　价**	55.00 元